JN104605

常識外れの"ありえない組み合わせ"コラボ発想の定石!

すごいコラボ集客術

EXPO観覧車合同会社 ゼネラルマネージャー

三輪 武志

ビジネス教育出版社

まえがき：なぜ、大阪の「都心部から」離れた「観覧車」に年間30万人が集まるのか？

コラボから広がる新しい集客の可能性

２０２３年5月、「新型コロナウイルス」が、季節性インフルエンザと同じ「５類」に移行しました。

世の中は徐々に「コロナが明けた」ムードとなりＧＷには観光地などへの多くの人出がみられました。

しかし、「リバウンド集客」が起こるかと思えば、これがなかなか一筋縄ではいきませんでした。

物価高の影響や、好みの多様化により、
近年の消費者は「厳選したモノ・コト」にしか
お金を払わない傾向があります。

そのような時代、自社商品・サービスだけで勝負するのではなく、
他社や人気のあるコンテンツの力を借りる、という方法があります。

高さ日本一の観覧車
「オオサカホイール」では
数々の「コンテンツコラボ」を企画し、
大阪市内や梅田などの繁華街から離れた立地にも関わらず
年間30万人以上の集客を毎年実現しています。

たとえば、過去にはこんな企画が実現しました。

- ホラー×テクノロジー集団とのコラボによる「恐怖体験観覧車」
- 有名ブランドとのプロモーションコラボ
- アニメ・アイドルコラボ（鬼滅の刃・なにわ男子など）
- 韓国発のブームにあやかった「セルフ写真館」

本書では、多数のコラボアイデアから、メディア戦略やコラボ先への企画書作りに至るまで、「コラボ集客」というテーマに私たちチームが取組む中で見出した再現性のある考え方や方法論を解説しています。

この考え方は、今集客に悩んでいる、飲食店、スポーツ施設、宿泊施設、商業施設、アミューズメント施設、各種スクールなどにリアルな店舗が紐づいた「箱モノ」事業で経営やマーケティングに携わっている方に特にお役立ていただけると考えています。

コラボとは「協創」のことです。

オーナーや担当者が一人で悩むのではなく、
一緒にお店、施設、サービスを盛り上げる
「仲間」や「助っ人」がいないか、
世の中を見渡してみてください。

コラボのアイデアは実は色々なところに眠っています。

ぜひ、あなたの会社と他社の
商品・サービス・コンテンツを掛け合わせ、
新しい事業・マーケティング展開の一助としていただければ幸いです。

観覧車で切り拓くコラボ集客の新たな可能性

初めまして、本書の執筆を担当させていただいている
三輪武志（みわ・たけし）と申します。

私は大阪吹田市（万博記念公園）で
日本一大きな観覧車「オオサカホイール」の
事業責任者をしております。

オオサカホイールは
飲食店や旅館など、他の「箱モノ」事業と
同様に新型コロナウィルス感染症による
マイナスの影響を大きく受けてきました。

しかしながら、コロナ禍の間も

年間30万人以上の集客を継続し
ＴＶや雑誌など多数のマスコミ取材を受けています。

その理由は、実は立地にあると考えています。
オオサカホイールは、大阪の都市部から電車を
いくつか乗り継いで、30分以上という立地にあります。

そのため、都市部から30分以上時間をかけても来たくなるような
「わざわざ足を運びたいコラボ企画」であることが企画の要件となります。
そしてその結果、遠方からも多くの方に来場いただける
話題性と独自性のある企画に繋がったものと自負しています。

一つの大きな成功事例としては、
２か月で８万人を集客した
ある超人気アイドルグループ
とのコラボがありました。

当時、メジャーデビュー目前だった彼らには、
すでに大勢のファンがついていました。

本人たちが現れたわけではないのですが、
ゴンドラの装飾に彼らの写真を使ったり、
アイドルグループになぞらえたゲームイベントを同時開催することで、
8万人というおおきな反響に繋がりました。

これは、ファンの方々による
「参加することで彼らのデビューを後押しできる」
という想いに支えられたイベントでした。

また、世界的に有名なブランドとの
100周年記念企画のステージとしてご利用
頂くコラボも実現しました。

これは観覧車が広告媒体として使用されたケースです。

対象となるブランドの周年記念企画として
ブランドロゴの星屑をかたどったエントランスの演出や
観覧車のゴンドラをスペースシップになぞらえて、月に一番近い場所
というコンセプトに合わせた企画を展開しました。
また、観覧車の中央看板にブランドのロゴを
レーザー照射（プロジェクションマッピング）で表現。
観覧車本体をゴールドのブランドカラーに
ライトアップし日本一の大観覧車のサイズを
活かしたランドマークとしてのプロモーションにも
活用しつつエリア全体でブランド体験を作る企画となりました。

根強いファンに支えられているブランドであるため、
乗車予約開始後一瞬で埋まってしまいました。

人気タレントや有名ブランドとのコラボは
ハードルが高いと思われるかもしれません。

しかし、弊社のような一見畑違いの事業であっても
繰り返し、有力コンテンツとコラボすることができている実例があります。

本書では、「人気があるけどコラボの実現しやすいタレント」の探し方や
有名ブランドと「無料」でコラボする
ための方法論について私たちが試行錯誤しながら
見つけ出していった実践知の数々を共有させていただきます。

コラボの実現とは、
まさに人々の「好き」が集結する瞬間の実現です。

また、私個人のアイデア、努力だけでなくそこに関わる
様々な方の思いが幾重にも重なって初めて

企画として実現していく経験を何度もしてきました。

様々な想いの相乗効果で1＋1＝2ではなく、3にも10にも高めていくような新しい可能性の実現がコラボの醍醐味だと考えています。

新たな顧客集客の可能性を拓く「コラボの5つの定石」

コロナ禍の中、『鬼滅の刃』とのタイアップ商品で業績をあげた会社が多数ありました。

くら寿司、銀だこ、ダイドーにおいては、前年同月比がプラスに転じたり、新規顧客の開拓により注文が殺到したり、既存商品の売上が2倍になったりなどの大きな経済効果が得られたそうです。

もちろん、コラボのアイデアは、
アニメ以外にもたくさんあります。

地域性を生かしたコラボ、
子どもの「学び」をテーマにしたコラボ、
大人の「ラグジュアリーな夜遊び」向けのコラボ、
ひたすらエンタメを追求したコラボ……など、
実に28にわたるアイデアを本書では紹介しております。

さらに、観覧車という1つの事業体を通じて様々な
ケースに取り組みもがきながら、
コラボ集客に関する経験を積み重ねた結果、コラボには筋の良い企画を実現するための定石
があるのではないかと考えました。
今回それを「コラボの定石」として
実践しやすい手法論にして紹介しています。

ここで、少しだけ紹介させていただきます。

1．自社の弱み・強みを知り、日本一ポイントを決める

日本一大きい・広い・○○がおいしい……のように、
自社商品を特徴づけてみましょう。

そのアピールポイントとマッチングするコラボ先を探すと、
成功率が高くなる傾向があります。
あたり前のように聞こえるかもしれませんが、
この点を名文化することが成功の要否に直結します。

2．自社の「弱み」から「コラボ先」を考える

事業の弱みをカバーするコラボ先
を考えてみることも有効です。

そうすることで、唯一性の高いコラボを創造するきっかけを掴むことができます。
また、集客の範囲を超えて、
事業自体の新たな魅力付けができる可能性も高まります。

3. コラボの発想を世の中から探し当てる

本書で紹介する28のコラボアイデアは
どれも実際に成功事例のあるものです。

コラボアイデアは事例からの「連想ゲーム」で
広げることができます。
先に挙げた、日本一ポイントや弱みを踏まえつつ社外の視点
から発想を広げることで
企画アイデアの量を広げ質を吟味することも可能になっていきます。

4．メディア取材を獲得するためのニュースになる企画を発想する

「○○ブーム」×「自社商品」の公式をつかうこと、
ソーシャルイシューを背負うことなどで
メディアへの訴求力が高まる傾向があります。

SNSやウェブメディア、
さらにテレビや雑誌などに取り上げられることで
コラボの注目度が高まります。
企画段階でメディアを意識すること、また実施段階で
有効にアプローチすることが重要となります。

5．一度は一流ブランドとコラボする

その実績自体が自社商品の広告・宣伝となります。

また、自社の資源に
相手ブランドの広告媒体として優れた要素があれば、
コラボの条件もより建設的なものになります。
（ちなみに過去の弊社コラボ企画の中では無料でコラボを
実現した実績もあります）

Ｃｈａｐｔｅｒ２で紹介する28のコラボアイデア
を参考にしながらこれらの５つの定石を踏まえて着想すること
で、企画実現の精度を高めることができると考えています。

コラボはただの「売上回復手段」ではありません。

自社と他社のパーパスを共有し、掛け合わせ、
世の中に話題を提供し、
多くの人々の思い、夢、情熱が一つになることで、
企業の視点では新たな事業展開ができたり、お客様の視点では

感動体験を提供していくことができると考えています。

chapter 3　自社の弱み・強みを知り、日本一ポイントを決める

chapter 4　コラボの発想を世の中から探し当てるコンテンツトレジャーハンティング

chapter 1

人が集まらない！
お金もかけられない！
あなたならどうする？

アフターコロナだからこそコラボが必要

コロナが5類感染症に移行し、観光地やリアル店舗、商業施設、イベント会場などに客足が戻りつつあります。ところが、思ったほどのリバウンド集客は見込めず、消費者の財布のヒモはますます固くなっています。

背景にあるのは、消費者の好みの多様化とニーズの複雑化です。

昨今の円安トレンドや物価高も無関係ではありません。生活必需品の価格がはね上がり、消費者は余暇に対してはお金を使わなくなっています。

地球温暖化による夏の暑さも、集客施設などの客足に影響を与えています。ニュースにもなりましたが、昨夏は海水浴場でさえ集客に苦しみました。

これまでの集客方法に加えて新しい手法を検討することが、より一層必要になってきていると感じます。

弊社では、コロナ禍で延期になったイベントもありましたが、コラボによって観覧車の常識を変える新体験を提供してきたことで早期のリカバリーを実現できました。
また、よみうりランドではコロナ真っ只中に、プールサイドや観覧車に「Wi-Fi」等を完備しテレワークができるアミューズメントワーケーションというサービスを提供しました。最近はテレビアニメ『推しの子』『呪術廻戦』とのコラボイベントも展開しています。

ひとつのキーワードは「協創」です。異業種が協働して、業界の概念をくつがえすサービスや価値観をつくり出すことが求められています。
柔軟な発想の新機軸やコラボ企画で強度のあるコンテンツを創り、今までにない新しい可能性を提示することでリバウンドしない顧客をも再帰させるきっかけを創りだすことが必要ではないかと考えています。

【引用元】https://www.yomiuriland.com/sp/work/index.html
https://realize-event.net/oshinoko_yomiuriland/
https://www.the-chara.com/blog/?p=64927

顧客は〝体験消費〟を厳選する時代になった

生活者の消費スタイルが「モノ消費からコト消費へ」とシフトしたことは、ずいぶん前から知られていました。

市場が成熟して商品・サービスの機能価値が同質化し、人々はもはやモノにはお腹いっぱいの状態。体験によって心を満たすというコト消費（体験消費）に軸足が移動しました。

そして、いまやコト消費さえ厳選される時代へと突入しています。

個人的な体験もＳＮＳ上で拡散・共有されてしまう現在、生活者はコト消費に対する欲求も薄れ始めました。

そこで浮上してきた消費行動が「トキ消費」です。

これは「その時・その場でしか味わえない盛り上がりを楽しむ消費」です。

トキ消費には、非再現性（時間や場所が限定されていて同じ体験が二度とできない）、参加性（不特定多数の人と体験や感動を分かち合う）、貢献性（盛り上がりに貢献していると実感できる）という３つの要素があります。

最近のフェス人気やハロウィンでの盛り上がりも、まさにトキ消費のわかりやすい例です。

【引用元】https://www.hakuhodo.co.jp/magazine/85508/

さらに近年、時代を映す消費スタイルにもうひとつの流れが生まれています。

それは「イミ消費」です。

イミ消費というのは、商品やサービスを通じて社会や環境に貢献する消費行動。モノやコトだけではなく、そこに社会的・文化的価値＝意味を求めます。

ふるさと納税やコロナ禍に加速したクラウドファンディング、フードロス解消のための規格外の野菜の購入などがイミ消費の代表的な例です。そのスタート地点は東日本大震災時の被災地支援にあるといわれています。

このイミ消費をリードしているのは、デジタル＆SNSネイティブであり、消費の中心層となりつつあるZ世代です。

Z世代の消費行動はとても堅実です。自分にとって本当に刺さることにしかお金を使いません。

集客のためには、こうしたトキ消費、イミ消費への欲求をくすぐる魅力を提案できなければなりません。限られたお金や時間を、本当に感動できることや心を動かされることだけに使いたい。それがいまの多くの消費者に共通する思いです。

コラボ先と実現する新たな顧客価値

弊社は観覧車エンタテインメントを提供していますが、1周18分間のゴンドラの中でプラスアルファの体験価値を創造できるような、自社にはない強みを持っている企業にどんどん積極的に声をかけています。

詳しくは第2章以降でお話ししますが、一例を挙げると、2023年5月からエステー株式会社とのコラボ企画「香りの観覧車」がスタートしました。ゴンドラに「消臭力 Ｐｒｅｍｉｕｍ Ａｒｏｍａ」を設置し、リッチな香りの演出によって特別なプレミアム空間を提供しています。月替わりで「グレイスボーテ」「エターナルギフト」「ムーンライトシャボン」「アーバンロマンス」など違った香りを体験できます。

また、大手メーカーとのコラボ企画「天空のセルフ写真館観覧車」も好評でした。6つのテーマで装飾したゴンドラ室内を写真スタジオに、一眼レフカメラと同社提供の撮影システムを通じて、高品質な撮影体験ができます。

ゴンドラから見える背景は変化し続けるので、一つとして同じ瞬間はありません。お客様は自分たちにとっていちばんエモい瞬間を切り取ることができます。これもひとつのトキ消費です。

さらに、まだ構想段階ですが、18分間ゴンドラ内に座っている質感をレベルアップしてラグジュアリーな空間を体験してもらう企画として、住環境設備などの企業とのコラボも模索しています。

集客はコンテンツ力が9割

商品やサービスの持つコンテンツに魅力があれば、自然とお客様は集まってきます。

コンテンツ力とは、「ターゲットになる顧客を惹きつけてファンにする力」と私は考えています。

では、そもそも人は、どのようなものに心を奪われるのでしょう。

もちろん、人の好みは千差万別です。刺さるコンテンツも人それぞれです。

でも、集客される側の心理に共通項を探せば、「何としてもそこに行きたい！」「その場に行くためなら寝ないでも並ぶぞ！」といった強烈な欲求です。

「そのためなら労力を惜しまない」という人間が本来持っている本能に訴えかけるもの。それがコンテンツ力の起点になるのではないかと思います。

逆に、誰にも刺さらないようなコンテンツには、大々的な広告を打つなどどれだけお金をかけても、広告投資のＲＯＩが見合わず結局集客効果が得られない結果になってしまいます。

コラボレーションを考える場合も、そもそもファンがついていない商品・サービスをコラボ相手に選んでしまっては全く意味がありません。アライアンスを結ぶ先の価値を判断することが大切です。その選択の基準がまさにコンテンツ力です。

さらに弊社では、それぞれのコンテンツの質が高く魅力的であることはもちろんですが、コンテンツの幅を用意しておくことも重視しており、厳選した粒揃いの多くのコラボ企画を提供することを心がけています。

弊社はコラボによって多くのコンテンツを実現してきましたが、そこにあまりお金はかかっていません。無駄なコストをかけずにどれだけ良質なコンテンツを生み出すことができるか。それが、継続的にコラボ集客を行う上でも重要だと考えています。

お金がないから〝魅力づけできない〟という思い込み

魅力的なコンテンツを創るためには、多くの初期投資が必要ではないかと思われる方もいらっしゃるかと思います。

確かに自社のみでの開発であれば多くの初期投資がかかり、かつ回収期間も長く見込んでおく必要がどうしてもあります。

しかし、コラボでの取り組みであれば話が変わってきます。まず、コンテンツの開発にあたって両者の資産を活用できることが大きく、コンテンツ開発コストもゼロベースではなくなり、時間も短縮できます。

また、自社と直接的な接点のないターゲット層にもアプローチでき、集客の相乗効果が期待できるため投資回収も短期間で実現しやすい傾向にあります。

さらに、コラボは無料で展開できる方法もあるのです。両者の間の金銭的なやり取りが発生しないことも普通にあります。

コラボの相手は、自社にはないコンテンツを持っている企業を選ぶのが基本。「これが欲しい、あれも欲しい」「ウチのサービスにこれが加われば、もっと素敵な環境がつくれるだろうな」といった〝ないものねだり〟の発想でコラボ先を見つけるような形も一案かと思います。

オオサカホイールの場合、従来の観覧車では味わえなかった空間を提供することで、ユーザーの体感できる価値を高められますし、顧客満足度も上げることができるだろうといった視点で発想を広げコラボに至った事例もあります。

例えば、テクノロジーを駆使したホラーコンテンツ「地獄のゾンビ観覧車」もこういった発想のコラボのひとつです。

また、「親子で美味しい料理を楽しめる場にしよう」「女性が憧れるプロポーズのサンクチュアリスポットにできたら」など、いろいろと妄想しながらコラボ先を探しています。

キーワードは「意外性」です。一見ありえないコラボほど話題になり、ニュースとして新鮮なのでSNSやメディアで拡散される可能性も高くなります。

コラボ先にアプローチするためには、自社の魅力を再発見することも大切でしょう。ときには、自社の弱みだと思っていた部分がコラボによって強みに転じることもあります。

たとえば、オオサカホイールの観覧車は1周18分です。18分しか楽しめないのは弱みでもありますが、前後に予定が入っている場合などにちょっとした隙間時間を楽しむことができるのは逆にアドバンテージになります。

18分の乗車時間を効果的に使ったコラボが、詳しくは後述しますが、18分の間に知恵の輪のような立体パズルを外せたらミッションクリアとなる「日本一の観覧車からの挑戦状！チャレンジ18分」でした。

世間をにぎわしたコラボ集客

最近、さまざまな企業がコラボレーション戦略を実施していますが、企業コラボはいまに始まったことではありません。過去、アニメやキャラクター、アーティストなどを採用して話題を呼んだコラボがたくさんありました。

ここでは、世間をにぎわしたコラボの一部を紹介しましょう。

コカ・コーラ×ヨーヨー

１９７０年代の第一次ヨーヨーブーム以降、社会現象になったのが、１９７６年、１９７９年、１９８４年にヨーヨーメーカー・ラッセル社がコカコーラとタイアップして販売を仕掛けた「コカ・コーラヨーヨー」です。それまでは上げ下げするだけだったヨーヨーから、「犬の散歩」「ループ・ザ・ループ」といった技のできるものとして登場。全国の駄菓子屋でヨーヨー選手権が行われたり、コカ・コーラの瓶のフタの裏に当たりが出ればヨーヨーがもらえることもあり、当時の子どもたちの間で一大ブームになりました。

【引用元】https://yoyostorerewind.com/collections/coca-cola

大塚家具×家電量販店

家具・インテリアと家電量販店のコラボも記憶に新しいところです。

２０１６年に大塚家具とビックカメラが、また２０２０年には大塚家具とヤマダ電機がコラボして相乗り店舗をつくりました。ただ、のちにヤマダ電機は大塚家具を吸収合併しています。

【引用元】https://www.ryutsuu.biz/topix/i072721.html

https://ymd-interior.com

西武鉄道×クラブイベント

２０１５年、西武鉄道が国内最大級のクラブイベント「ａｇｅＨａ」とコラボし、列車内でＤＪとダンサーによるパフォーマンスを楽しめるという斬新なイベント列車を運行しました。列車編成全体を使って大音響でダンス音楽とＤＪを楽しめるイベント列車は日本初の試みでした。電車とクラブイベントとの組み合わせという意外性が話題になりました。

【引用元】https://travel.watch.impress.co.jp/docs/news/705830.html

スター・ウォーズ×地域イベント（田んぼアート）

２００３年頃から、日本各所の田園地帯に巨大なアートを出現させる「田んぼアート」が開催されてきました。２０１５年には、青森・田舎館村で映画「スター・ウォーズ／フォースの覚醒」とのコラボが実現。「稲」でスター・ウォーズの世界観を再現しました。

【引用元】https://mag.sendenkaigi.com/hansoku/201602/star-wars/007226.php

ＵＳＪ×漫画・アニメ

ユニバーサル・スタジオ・ジャパン（ＵＳＪ）では日本を代表する漫画やアニメとのコラボ企画を次々と開催し、世界のテーマパークで第3位の集客を達成しています。２０２３年には「SPY×FAMILY（スパイファミリー）」「モンスター・ハンター」「名探偵コナン」「ワンピース」「ドラえもん」「ポケモン」などとコラボしました。

【引用元】https://www.nikkei.com/article/DGXZQOUF052MU0V00C23A7000000/

https://animeanime.jp/special/838/recent/USJ%EF%BC%8F ユニバーサル・スタジオ・ジャパン

富士急ハイランド×アニメ「NARUTO／BORUTO」

２０１９年、富士急ハイランドに、TVアニメ「ナルト」とナルトの息子ボルトの活躍を描いたアニメのテーマエリア「NARUTO×BORUTO富士木ノ葉隠れの里」がオープン。ゲーム要素満載のイベントが実施されました。

【引用元】https://collabo-cafe.com/events/collabo/naruto-boruto-konohanosato-fujiq2019/

サンシャインシティ×アニメ「鬼滅の刃」

TVアニメ「鬼滅の刃」とのコラボを仕掛ける企業は少なくありませんが、箱モノでは２０２３年にサンシャインシティが第２弾となる「サンシャインシティ×鬼滅の刃『全集中！太陽の都市伝説第弐章』」を開催。キャラクターのイラストを使用したグッズやコラボフードの販売、イベントが行われました。

【引用元】https://game.watch.impress.co.jp/docs/news/1522192.html

こうした〝すごいコラボ〟を仕掛けることで集客につながるのはもちろん、コラボそのものにニュースバリューがあるので、ＳＮＳで拡散され、メディアにも掲載されています。それによって二次的な集客も増えます。

さらに、メディアに頻繁に取り上げられることで企業の価値やイメージが上がり、新たなコラボの呼び水になるという好循環をもたらします。

本当に〝そのサービス〟しか提供できませんか？

多くの企業や店舗・施設の運営者は、自社の提供できる商品やサービスについて固定概念にとらわれて考えがちです。

でも一度、「ゼロベース思考」で、まっさらな状態から考えてみてはいかがでしょうか。いま目の前にある自社の商品・サービスという出発点から発想すると、どうしても限界に突き当たってしまいます。

ひとつのチャレンジとして、コラボという手法に思考を広げることによって、これまでとは全く違う新たな価値やサービスを生み出せる可能性を模索することができます。

ただし、どういったコラボの可能性があるのか理解していないと想像が広がりづらい面もあると思います
そのためには、世の中で受け入れられてきたコラボ事例を一つでも多く学ぶことをお勧めします。かくいう私たちもコラボ事例をリサーチしながら企画を考えていました。

これまで世間を賑わしたコラボには、〝常識的にはありえない〟というものがたくさんあります。「そんな組み合わせがあったか⁉」という目からウロコのコラボが消費者に受け入れられる事例を研究することによって、さらにコラボについて理解を深めることができます。

そこに自社のサービスの可能性を投影してみてはどうでしょうか？

新しいサービスやコラボを探る際に、自分だけで考えていても良いアイデアは浮かばないかもしれません。一人の脳ミソには限界があるので、スタッフ同士でディスカッションしてみてはどうでしょう。ＳＮＳの投稿なども踏まえて、自社のアドバンテージを見直してみることも良いと思います。


そこで重要になるのが「顧客目線」です。

〝自社にとって有益なこと〟ではなく、〝顧客が本当に求めているもの〟は何なのか？

企業の中枢にいる経営陣などは利益優先など「ビジネス目線」で物事をとらえがちです。一方、従業員は一歩引いた「ユーザー目線」に近く、顧客が何に価値を感じるかを意識している場合が少なくありません。

弊社では、従業員と「アイデアを１００個出そう」といったブレーンストーミングを行っています。

異業種など社外の人との情報交換からも多くのヒントが得られると思います。さらに、情報を得るだけではなく、たとえば外部の企業数社の人たちと集まって「アイデアを１００個出す」というコラボアイデア大会を開くというのはどうでしょう。

その際、飲食店、イベントスペース、アミューズメントスポット、遊園地などを運営する人たちなど、同じように集客が必要であり、かつ違った業種で集まることが望ましいと思います。

ただ、利害関係がないと公の場では踏みこんだ話にはなりにくいので、気軽な食事の席などでの雑談からコラボアイデアのヒントを探ってみてはいかがでしょうか。一見つまらないヨタ話のなかに、「おっ！」というネタが潜んでいるものです。

集客が必要な箱モノを運営する異業種のＳＮＳへの投稿などもアイデアの宝庫です。

コラボ先の「既存顧客・優良良顧客」が「見込み顧客」になる

効率よく集客を増やすためには、自社サービスのターゲットである顧客の特徴を理解し、それぞれの顧客グループに合わせて最適なアプローチをすることが重要です。

ごく一般的な区分ですが、顧客は次のように、「潜在」「見込み」「新規」「既存」「優良」に分けられます。

1　潜在顧客：自社のサービスを知らない顧客
2　見込み顧客：自社のサービスを知っていて、集客につながる可能性のある顧客
3　新規顧客：自社のサービスを初めて利用した顧客
4　既存顧客：自社のサービスをすでに利用したことがある顧客（リピーター）
5　優良顧客：自社のサービス利用のリピート率が高い顧客

一般に、「顧客全体の2割である優良顧客が売上の8割をあげる」というパレートの法則（2：8の法則）から考えると、すべての顧客を平等に扱うのではなく、優良顧客あるいは既存顧客を差別化するデータマーケティングが重要だといわれます。

たしかに、定番の自社商品・サービスを展開する企業などの場合は、継続的に売上に貢献する優良顧客をとくに重視するという戦略も間違いではないでしょう。

一方、弊社の場合、中心にあるのが「観覧車」という事業です。したがって、そこに紐付く顧客がメインのターゲットであり、既存顧客、優良顧客ということになります。

しかし現在利用されている方々以外にも、まだ消費アクションは起こしていないけれども、非常に幅広いフィールドに潜在顧客、見込み顧客が存在しています。未来の可能性を広げるという意味では、そこにフォーカスを当てて顧客を掘り起こすことが重要だと考えています。

弊社にとっては、コラボ先が持つ顧客が見込顧客になります。これまでは潜在にも見込みにもならなかった層にもアプローチできるようになるのです。

最近人気の音楽フェスも一種のコラボといえます。フェス自体のリピーターである優良顧客、出演アーティストについている既存顧客や新規顧客などさまざまな層が足を運びます。

さらには、フェス自体とのコラボ企画も盛んです。たとえば、「ROCK IN JAPAN FESTIVAL 2022」では「ONE PIECE FILM RED」とのコラボグッズが販売されました。

また、２０２２年に、神奈川県三浦半島の三崎口駅前にオープンした「ｍｉｔｏ ｃａｆｅ」はカフェ併設の自動車屋というコラボショップです。もともとは自動車販売・修理事業を営んでいました。当時からの車好きの優良顧客に加え、観光客やバス待ちの人など新規顧客も惹きつけているという異色のコラボ例です。

【引用元】https://maruishimortors.com/mito_cafe/

コラボは、やり方次第で全方位からの集客が見込めます。あらゆる顧客層にリーチする集客の強力なマグネット装置になる可能性があるのです。

斬新なコラボ企画を実現することそのものがニュースになり、プロモーションに繋がっていきます。

顧客は、「人の興味の数だけ存在している」ともいえます。

ということは、コンテンツの内容やバリエーションによって、様々な層の興味喚起ボタンを押せる可能性があります。

これこそが、コラボ集客の妙味です。

chapter 2

勝手に噂が広まり“行列ができる”たった1つの方法とは?

1000キロ彼方からでも「来たくなるボタン」をオンにする！

人は本当に好きなものなら、時間や労力、お金を惜しまず、どこまでも追いかけます。たとえ1000キロ離れていても、「行きたい！」という、居ても立ってもいられない衝動に駆られたら、その欲求には抗えません。

これはもはや理屈を超えた行動心理です。

いま、Z世代を中心に「推し活」ブームが来ています。

推しのアイドルを全国どこへでも追いかけていく熱狂的なファンがいます。ライブ・コンサートや握手会などで推しに会いにいくだけでなく、その人ゆかりの地を聖地巡礼するなど気合の入った推し活も少なくありません。

日程を調整したり旅費がかかったりと労力は大きいものの、推しに会えるという目的のためならそんなことは全く気にならなくなります。

人は何かにハマってしまうと、なぜそこに何ものにも変えがたい幸せを感じるのでしょうか？

イミ消費の時代になって、よりそうした傾向が強まっています。イミ消費は、社会的・文化的な価値に共感する消費ですが、それは自分のメンタルにも良い影響を与えようとする消費行動でもあります。

最近は、自分の感情を満たす消費体験を重視する「エモ消費」、好きな人に関係のある消費体験を重視する「ヒト消費」といった言葉も登場しています。

アイドルやキャラクターを応援する推し活もこれらのひとつです。

このように、いまの消費者は、たくさんの情報のなかから、自分の「好きなもの」にお金を〝選択と集中〟させます。

情報量が多いからこそ、「そこから自分が主体的に選んだ」という満足感もあるでしょう。

1000キロ彼方からでも行きたい！

そんな顧客のボタンをONにできるパワーコンテンツをぜひ持ちたいものです。

気になる、引き込まれる、行動する、口コミする

気になる→引き込まれる→行動する→口コミする。

これはいわゆる「カスタマージャーニー」「消費者の意思決定ジャーニー」、つまり消費者

の行動と心理変化のプロセスです。
ユーザーの消費行動を説明するのによく使われるのが「ＡＩＤＭＡ（アイドマ）」「ＡＩＳＡＳ（アイサス）」というフレームワークです。どちらも、ユーザーが商品・サービスを購入するときのプロセスをモデル化したものです。
「ＡＩＤＭＡ」は、アメリカの作家サミュエル・ローランド・ホールが１９２０年代に提唱した概念です。購買決定プロセスを次の５つに分解します。

Attention：注意
Interest：興味
Desire：欲求
Memory：記憶
Action：購買

一方、「ＡＩＳＡＳ」は「ＡＩＤＭＡ」の考え方をインターネットが普及した現在の消費行動に当てはめたもので、広告代理店の電通が提唱したモデルです。

Ａｔｔｅｎｔｉｏｎ：注意

Interest：興味
Search：検索
Action：購買
Share：情報共有

あるサービスを認知し、興味を惹かれ、アクションを起こし、その後にレビューするなど情報を拡散・共有する。

観覧車のコラボ企画を練るときなど、私はこうした一般的な顧客の行動心理のフィルターにかけて考えてみます。


まず、コラボ企画の内容から、顧客との最初のタッチポイントをつくるためにAttention、つまり認知させるというステップにフォーカスを当てます。

ここで重要なのはできるだけ多くの潜在顧客、見込み顧客に情報が伝わるように発信を行うことです。

具体的に、駅貼りのポスター、LP（ランディングページ）をつくってのWebサイトからの発信、SNS（X、Facebook、Instagram、TikTokなど）での配信などを利用します。

そうした情報を認知した消費者は、それが好きか嫌いかを判断し、さらにそれが自分にとって必要がどうかを検討し、欲しいと思ったサービスについては内容を記憶したり、スマホにメモしたりします。

このあたりで情報に対する姿勢が変化します。受け身で情報を得ていたのが、自ら積極的に動いての情報収集や検討に変わります。

そこにはサービスの唯一感や、期間が限定されているイベントであること、限定グッズを購入できるといった特別感も強く働くでしょう。

さらに、コラボ集客の場合は、自社からの発信と並び、コラボ先の知名度や発信力もアクションに大きな影響を与えます。

そして、実際にサービスを自分が体験して感情を揺さぶられれば、他の人にも伝えたくなり、SNSなどで自発的に口コミ拡散してくれます。

友人・知人には「今度、一緒に行こうよ」と誘いたくもなるでしょう。

顧客が勝手に広報担当、営業担当になってくれるので、集客への好影響が起こる可能性もあります。

このように、周りを巻き込んで行動を促すパワーの強さも、コラボの大きな魅力です。

「頭にいい汗！」なコラボ集客

【謎解きコラボ】問題解決欲を満たすアドベンチャーで惹きつける

年々参加者が増え、メディアの露出も増えているアクティビティのひとつが「謎解きイベント」です。テレビやSNSをはじめ、全国各地で謎解きを目にすることが多くなっています。

日常からの解放感や仲間と一緒に解くことの楽しさなど、謎解きはエンターテインメントとしてのニーズが高まっています。

そんな謎解きイベントをコラボ集客に活用してみてはいかがでしょうか。

謎解きイベント×観覧車

自社例ですが、2022年に株式会社GAORA、謎解き制作団体よだかのレコードとコラボして開催したのが、名探偵の助手になって観覧車で起こる事件を解き明かす「ドラマチック謎解き観覧車〜18分探偵と密室ゴンドラの謎〜」です。

ラストミッションでは、観覧車が1周する18分の間にゴンドラに仕掛けられた爆弾を解除するという、逃げ場のないドキドキハラハラ体験のできるイベントです。

【引用元】https://osaka-wheel.com/18tantei/

周遊型謎解き×地下鉄

最近流行っているのが、街中や商業施設、鉄道沿線などで行われる〝周遊型謎解き〟です。事前に謎解きキットを購入し、いろいろなポイントを回りながら謎解きを楽しみます。

そのひとつが、東京メトロが「リアル脱出ゲーム」を企画運営するＳＣＲＡＰとコラボして２０１４年に開催した「地下謎への招待状」です。

東京メトロ全線24時間乗り放題の一日乗車券を使って、地下鉄駅や東京の街全体を舞台に、謎を解き明かしながらゴールを目指すという体験型ゲームイベントです。

東京メトロや一日乗車券の認知向上を目的に開催され、２０２２〜２０２３年にリバイバルとして再演されました。

【引用元】https://www.tokyometro.jp/news/2022/214116.html

リアル宝探し×地域団体

地域活性化を目指す藤沢市・藤沢市観光協会と、体験型コンテンツ「リアル宝探し」事業を展開するタカラッシュがコラボして開催しているのが「エノシマトレジャー」です。

タカラッシュが運営する「日本初のリアル宝探しカフェ」を出発点に江ノ島全域を捜索する宝探しで、すでに18年続いていて毎年2万人以上が参加する定番イベントになっています。地元店舗とのコラボ企画も実施し、地域への経済効果を生み出しています。

２０２３年は江ノ島・片瀬エリアで「エノシマトレジャー～ヴァンとティミドの大冒険」が開催されました。

【引用元】https://prtimes.jp/main/html/rd/p/000000085.000037334.html

https://huntersvillage.jp/quest/enoshima2023

【ゲームコラボ】ゲーマーが興奮できる一大フィールドを用意する

宝探しや脱出ゲームなど、参加者が現実空間のなかで自ら主人公になってミッションをクリアしたりする体感型ゲーム（リアルゲーム）が人気です。

また、ポケモンＧＯのように、スマホのＧＰＳ機能と連携し、実際に街を歩きながらプレイを楽しむという新鮮なゲーム性も没入感を高めます。

さらに、キャラクターと企業等が組んだＩＰコラボのゲームほど、参加者のプレイ意欲がより高まるといわれています。

キャラクターＩＰ×地域団体

キャラクターと地域のコラボ成功例の代表格といえば、一大ブームを巻き起こした「ポケモンＧＯ」でしょう。

キャラクターをゲットするために参加者はその地域まで行くというのが地域活性化のためのポイントです。

２０２３年8月に万博記念公園でポケモンＧＯのイベント「Ｐｏｋｅｍｏｎ ＧＯ Ｆｅｓｔ ２０２３：大阪」が開催されましたが、それだけで一日に3〜4万人が動くという、いまなお人気の高い強力コンテンツです。

【引用元】https://www.pokemongo.jp
https://gofest.pokemongolive.com/osaka?hl=ja

【学びコラボ（エデュテイメント）】楽しい学びを軸に集客

遊びながら学ぶ体験「エデュテインメント」は、最近の集客のキーワードです。エデュテイメントとは、教育（Ｅｄｕｃａｔｉｏｎ）と娯楽（Ｅｎｔｅｒｔａｉｎｍｅｎｔ）を掛け合わせた造語です。

遊びながら学ぶことで知識を身につけ、子どもたちの成長を促そうという取り組みですが、最近は大人も大興奮するようなエデュテイメントも少なくありません。

話題のエデュテイメント施設には、コラボイベント企画のヒントがたくさんあります。魅力的なコンテンツでファミリー層を惹きつけることができれば、大きな集客につながること間違いなしです。

職業体験テーマパーク×スポンサー企業

３～15歳までの子どもの職業・社会体験施設「キッザニア」（キッザニア東京、キッザニア甲子園、キッザニア福岡）は、エデュテイメント施設の草分け的存在です。

現実社会の約3分の2の街並みに、実在する企業が出展するパビリオンが並び、子どもたちはさまざまな仕事やサービスを体験します。

多くのパートナー企業がオフィシャルスポンサーに名を連ねており、これらのスポンサー企業は、子どもや保護者にブランドメッセージを訴求することができます。

また、キッザニア東京では2023年、ミュージカル「ピーター・パン」とコラボしたパレードも開催しました。

【引用元】https://www.kidzania.jp/top

https://www.kidzania.jp/corporate/sponsor/tokyo/#tab1

https://www.kidzania.jp/corporate/common/pdf/230512_peterpan.pdf

次世代型テーマパーク×キャラクターIP

リトルプラネットは、テクノロジー×遊びの新しい体験によるエデュテイメントを展開するテーマパークで、話題のキャラクターとのコラボも積極的に展開しています。

2022年にはグローバル幼児ブランドのピンキッツとコラボした「ピンキッツ・ベイビーシャーク」を開催。ダンス動画『ベイビーシャーク・ダンス』で再生回数100億回を突破して世界的なブームになったキャラクター「ベイビーシャーク」など、ピンキッツブランドの人気キャラがアトラクションに登場しました。

また、２０２３年には東京ビッグサイトで開催された「東京おもちゃーショー２０２３」のパブリックデー（6月10、11日）に、リトルプラネットの一部のアトラクションが楽しめる出張ブースが登場しました。

【引用元】https://litpla.com
https://litpla.com/news/press/202211_pink-kids/
https://litpla.com/news/press/toyshow2023/

宇宙体験×観覧車

２０２２年、弊社では宇宙をテーマにした春の一大イベント「宇宙万博２０２２ｉｎオオサカホイール」を開催しました。

18分間の月面着陸ミッション「スペースホイール」では、〝日本でいちばん宇宙に近い観覧車〟が月面着陸を目指す宇宙船になり、宇宙体験コンテンツを得意分野とする会社「amulapo(アミュラポ)」開発による本格的な月面着陸ミッションを体験していただきました。

また、ＪＡＸＡともコラボし、ＪＡＸＡ所有の本格的な展示品貸出提供による「リアル宇宙開発ヒストリー」、ＪＡＸＡグッズが買える「宇宙の店」を出店しました。

ＪＡＸＡは人工衛星による観測を通じて地球環境や気候変動の問題にも取り組んでおり、最近さまざまな企業が積極的にコラボプロジェクトを行っています。

【引用元】 https://osaka-wheel.com/spacewheel/

恐竜クイズゲーム×観覧車

２０２３年7月に7周年を迎えた弊社では、恐竜をテーマにしたクイズゲーム「ＪＵＲＡＳＳＩC-Ｑ（ジュラシックキュー）～恐竜クイズ観覧車」をスタートしました。

恐竜動物園・ダイナパークで恐竜が檻から逃げ出すというストーリー設定のもと、ゴンドラに乗って専用のタブレットで恐竜クイズに答えて、恐竜から卵を守る体験型イベントです。ＡＲなどで恐竜が襲ってくるので躍動感や緊張感ＭＡＸ！

このコンテンツのプロモーションに参加した人気「YouTuber」のフォーエイト48監修の「恐竜の卵ドリンク」も楽しめます。

【引用元】 https://osaka-wheel.com/Jurassic-q/

テクノロジーサービス企業×キャラクターＩＰ×映画

日販テクシードが、２０２３年8月公開の映画『しん次元！ クレヨンしんちゃんＴＨＥ

ＭＯＶＩＥ 超能力大決戦～とべとべ手巻き寿司』とアプリ『おえかきパラダイス』がコラボした体験型イベント「クレヨンしんちゃんのおえかきパラダイス」を開催しました。
映画に登場するキャラクターのぬり絵に色を塗ってスキャンすると大画面で動き出すという企画です。
【引用元】https://eventsolution.techceed-inc.com/season/shinchan-oekaki.html

【ワークスペースコラボ】テレワークスペースとしてレンタル

コロナ禍によって、テレワークという新しい働き方が生まれました。すでにコロナも終息の方向へ向かっていますが、多くの会社員にとってテレワークはすっかり定着しました。

経営・組織コンサルティング会社「識学」が２０２３年3月に行った調査では、約６割の会社員は「出社とリモートワークのハイブリッド型」の勤務体制でした。

この流れは今後も続くと思われ、テレワーカーを対象としたワークスペースがさまざまなコラボを展開しています。

【引用元】https://prtimes.jp/main/html/rd/p/000000091.000029010.html

スマホアプリ×コワーキングスペース

コロナ禍の2020年、レストランやホテルなどの空きスペースの収益化を支援するために始まったのが「ワークスルー」プロジェクトです。

ビジネスパーソン向けのスマホアプリ「ワークスルー」で、電源とWi-Fiが完備された約80拠点のレストランやホテルラウンジなどのスペースの空きが確認されれば、月額5400円でいつでも予約なしでコワーキングスペースとして利用できるというものです。

スペースを貸し出す事業者はアプリで料理などのクーポンを配信でき、ワークスルー利用者による商品の注文を促進することができるメリットがあります。

【引用元】 https://prtimes.jp/main/html/rd/p/000000013.000060062.html

タスク限定型コワーキングスペース×カフェ

東京都杉並区高円寺にあるライブ配信&撮影スタジオを活用した「原稿執筆カフェ」。原稿執筆を目的とした人しか入店できず、入店時に作業目標と利用時間を申告し、書き終わるまで退店できません。

タスク限定型コワーキングスタジオ×カフェのコラボですが、その奇抜なコンセプトが注目され、ロイター通信や英BBCなど海外メディアも取材に殺到しました。

【引用元】https://koenji-sankakuchitai.blog.jp/ManuscriptWritingCafe/

「リフレッシュ！」なコラボ集客

【癒しコラボ】温泉、足湯、マッサージ、香りなどのコンテンツで集客

先の見えない不安や氾濫する情報にお疲れモードの人たちが求めているのが「癒し系コンテンツ」です。

自店舗・施設に、温泉、足湯、マッサージ、香りなどの癒し系コンテンツを持ちこむかたちでのコラボを行うことで大きな付加価値となり、新たな顧客の掘り起こしにつながる可能性大です。

ショッピングモール×フィッシュセラピー体験

ドクターフィッシュ（学名：ガラ・ルファ）の足湯のある温泉や銭湯が全国にたくさんあります。ドクターフィッシュは古い角質や老廃物を食べてくれるので美肌効果が期待できます。

最近は、水族館やショッピングモールなどでも、ドクターフィッシュによるフィッシュセラピー体験ができます。

日本最大級のショッピングモール「ららぽーとＴＯＫＹＯ ＢＡＹ」では、２０１１年に期間限定でのフィッシュセラピーを実施しました。

【引用元】https://prtimes.jp/main/html/rd/p/000000004.000002206.html

静岡市の松坂屋百貨店本館７Ｆにある水族館「スマートアクアリウム静岡」でも、２０２３年３月からドクターフィッシュ体験イベントを行っています。

【引用元】https://shopblog.dmdepart.jp/shizuoka/detail/?cd=101496&scd=003215

https://smartaqua-sz.jp

２０１８年、千葉県成田市のイオンモール成田でＬＩＮＥ会員獲得のためのドクターフィッシュイベントが開かれました。2日間で数百名の新規会員の獲得に成功したそうです。

【引用元】https://www.youtube.com/watch?v=UVK5xhCDWBM

https://dr-fish.net/event/

銭湯×酒蔵

２０２０年、埼玉県幸手市のスーパー銭湯「極楽湯幸手店」がコロナ禍による利用客数の減少を食い止めるため、地元の酒蔵「石井酒造」とコラボして、日本酒を使った酒風呂を始めました。

銭湯の利用客は増え、酒蔵も地元客の掘り起こしにつながり、コラボによって相乗効果が生まれたそうです。

【引用元】https://www.saitama-np.co.jp/articles/6627/postDetail

坐禅×婚活

「趣味コン」など体験型の婚活イベントを運営する会社が、癒しの時間と出会いを提供する「坐禅×婚活」のコラボイベント〝坐禅コン〟を開催している例も少なくありません。坐禅体験から和尚の話、ツーショットトークへという流れで進みます。

【引用元】https://ichigo-ichie.jp

他にも、東京都小平市の平安院、静岡県浜松市の龍雲寺などでは、結婚相談所とお寺がコラボした「お寺で婚活」といったイベントも開催されています。

【引用元】https://www.heianin.com/mariage-heian
https://www.ryouun.com/kitien.html

【発散・爽快・ストレス解消コラボ】大声、パンチ、キックなど「発散」をテーマに集客

ただでさえストレスフルな社会を生きる消費者に、長引くコロナ禍は決定的なストレスを与えました。

いま、「大声を出す」「壊す・叩く」「壁に投げる」といったストレス解消グッズが売れています。「グチのつぼ」という、壺に向かって叫んでストレスを発散するおもしろ雑貨もネット通販で人気です。

「発散」をテーマとしたコラボ集客を考えてみてはいかがでしょうか？

キックボクシング×ヨガ

キックボクシングとヨガの組み合わせ。つまり、動と静を合わせたストレス解消コンテンツを展開するスタジオがあります。

ヨガをやっている人はたまには激しい動きをしたくなり、キックボクシングをやっている人は体を緩めたりしたいそうです。そのニーズがマッチしてとても人気になりました。

【引用元】https://gym-s.jp/article/kickboxing-and-yoga-go-great-together/

https://raftel-chiba.com

http://sturgis.jp/yoga/index.html

ヨガ×坐禅×アーユルヴェーダ

東京都目黒区の圓融寺では、ヨガ、坐禅、アーユルヴェーダの3つを体験できるセミナーを開催しています。ヨガで体をほぐし、坐禅で意識をリセットし、最後はインドの伝統医療アーユルヴェーダで癒されます。

元をたどれば同じインドを起源とするリラクゼーションですが、この3つの組み合わせはユニークで、8年目を迎える人気セミナーになっています。

お寺は本来、いつでも誰でも行けるような街の寄り合い所でした。しかし、いまは法事などのときにしか人が集まりません。普段も人が集まってほしいという住職の思いから始まったイベントです。

【引用元】https://www.enyuu-ji.com/event/71/

【スポーツコラボ】スポーツ愛好家が集い、スポーツやスポーツーPに親しむ

メジャーリーグでの大谷翔平の活躍や、サッカー、ラグビーなどのワールドカップや野球のWBCなどでの日本代表の躍進を背景に、いまスポーツ熱がかつてないほど高まっています。

そんな状況をなんとか集客につなげたいもの。最近、スポーツと食事、スポーツ教室、サッカーや野球のスタジアム、ゲームとスポーツのコラボなど、さまざまな切り口のコンテンツが注目されています。

アスリート食×宿泊施設レストラン

スポーツ選手のコンディショニングと食事に注目し、ホテルのレストランメニューに有名アスリートの食事メニューを組み込むという形のコラボを展開している事例が全国にあります。

宮崎市のフェニックス・シーガイア・リゾートでは、スポーツ科学研究と元競泳日本代表松田丈志さんがアンバサダーを務める「勝ち飯®」（味の素）と組んで、スポーツ合宿プラン

を展開しています。

また2023年、福岡県粕屋町の商業施設イオンモール福岡では、勝ち飯イベントとして松田丈志さんによるスペシャルトークショーが開かれました。

【引用元】https://seagaia.co.jp/mice-camp/camp/817

https://news.nissyoku.co.jp/news/oya20230703114135858

住宅展示場×親子サッカー教室

最近、住宅展示場で親子サッカー教室を開催するケースがあります。目的は、ファミリー層を住宅展示場に誘導すること。休日の集客を想定し、パパと子どもはサッカー、ママはモデルハウスめぐりという楽しみ方を提案しています。

総合住宅展示場ハウジングステージでは2021年、元サッカー日本代表・鈴木隆行さん&坪井慶介さん、元なでしこジャパン・丸山桂里奈さん&元浦和レッズ・水内猛さんによるサッカー教室を開催しました。

【引用元】https://www.housingstage.jp/event/event-26995

https://www.housingstage.jp/event/event-33741

https://asobii.net/76964

ボールパーク×サウナ&グッズ販売

メジャーリーグベースボール（ＭＬＢ）の野球スタジアムは、商業施設やさまざまな連携産業がコラボした「ボールパーク」と呼ばれています。

その影響から日本でも近年、球場は総合エンターテインメントを楽しむ場になりつつあります。

なかでも、プロ野球・北海道日本ハムファイターズの新本拠地として２０２３年３月に開業した「エスコンフィールドＨＯＫＫＡＩＤＯ」（北海道北広島市）は、ＭＬＢ風のボールパークとして大きな話題になっています。

球場内のホテルや天然温泉&サウナを含む複合的ランドマークであるＴＯＷＥＲ11（ファイターズスポーツエンターテイメント）では、ＮＥＵＴＲＡＬＷＯＲＫＳとＴＴＮＥの３社コラボによるオリジナルサウナウエア・グッズを販売しています。

また、ＴＯＷＥＲ11内のホテルではＮＥＵＴＲＡＬＷＯＲＫＳのオリジナル寝具が用意されています。

さらに、球場を核とした「北海道ボールパークＦビレッジ」では宿泊施設やレストラン、体験型アクティビティ施設、農業学習施設など地域のパートナーと連携した「共同創造都市」の開発が進んでおり、さまざまな形のコラボプロジェクトが進行中です。

【引用元】https://www.hkdballpark.com/news/144/
https://www.hkdballpark.com
https://sumai.es-conjapan.co.jp/kitahiroshima118/stadium/

Jリーグスタジアム×テレビゲーム

２０２２年、「Jリーグに行こう！ 桃鉄で！」というコラボが開催されました。

全国各地のJリーグ全58クラブのホームスタジアムに行くと、桃太郎電鉄のゲーム内で利用できるクラブオリジナル列車がもらえるというもの。

狙いはJクラブの集客とゲームの認知度アップです。コラボグッズの販売やスタジアムイベントなどの施策も行われました。

【引用元】https://www.jleague.jp/special/momotetsu/
https://www.konami.com/games/momotetsu/teiban/coll_jleague.html
https://www.jleague.jp/news/article/22705/?utm_source=twitter&utm_medium=social

商業施設×eスポーツ

近年、eスポーツ市場が急成長・急拡大しており、協賛するスポンサー企業が急増しています。2022年には、ソニーグループと博報堂が共同で、タレントやクリエイターが参加する新たなeスポーツのシリーズ戦「THE GAMING DAY」を始動しました。

eスポーツでは、配信スタジオを拠点としたコラボなども少しずつ始まっています。

2019年に東京・渋谷PARCO内にオープンした「GG Shibuya mobil e esports cafe&bar」は、日本初の大型eスポーツパブリックニューイングカフェとして注目されました。

これはスポーツバーのeスポーツ版です。ゲーム配信チャンネルの映像を二次利用することで法律的な問題をクリアしています。飲料メーカーやゲーミングブランドなどとのコラボも展開しています。

【引用元】https://gg-shibuya.jp

【シーズナルコラボ（季節）】12か月の季節イベントを打って集客

季節のイベントを集客につなげるのは昔からの常套手段。全国の店舗や施設で毎年、それぞれの季節に合わせたイベントが実施されています。ただ、自社単独で季節のイベントを打つというアプローチはやや使い古された感があります。

しかし、そこにコラボの要素を持ち込むことで企画はがぜん新規性を帯びてきます。

自店舗・施設のメイン事業にコラボによる季節イベントを引っかけることで、人々は特別感を感じて参加したくなります。こうした特有の行動心理をうまく活用したいものです。

自社事業と季節ネタを組み合わせてどんなコラボが考えられるか、頭のエクササイズをしてみてはいかがでしょうか？　集客につながる面白いアイデアが降りてくるかもしれません。

季節イベントとのコラボ

これは特定の企業などではなく、年中行事や季節イベントそのものとコラボするという考え方です。昔から行われてきていることですが、季節のイベントを打つことによる集客力はあなどれません。

次のようなイベントが代表的なものでしょう。

１月——お正月、新年会、成人の日
２月——節分、バレンタインデー

3月――ひなまつり、ホワイトデー
4月――お花見、エイプリルフール、入学式・入社式
5月――こどもの日、母の日、ゴールデンウィーク
6月――父の日、ジューンブライド
7月――七夕、海開き・山開き、お中元、土用の丑の日
8月――夏祭り・盆踊り、花火大会
9月――お月見、運動会・体育祭
10月――ハロウィン、運動会・体育祭
11月――紅葉、七五三、酉の日
12月――クリスマス、お歳暮、大晦日

オオサカホイールでも季節のイベントをたくさん打っています。

たとえば2018年のハロウィンには、全身ガチな仮装をすればゴンドラ代金が半額になるという「ハロウィンガチ仮装割」を実施しました。1名が全身仮装すれば最大6名まで半額になるという企画です。

ちょっと変わったところでは、〝夏＝ビール〟に引っかけて2018年の夏に開催した大阪・シカゴ姉妹都市提携45周年記念イベント「アメリカンビアホイールフェス」があります。観覧車をビアホールならぬ〝ビアホイール〟にし、空調のきいたゴンドラの中で観覧車発祥の地であるシカゴのピザやアメリカンビールを楽しむという企画でした。さらに、観覧車下には屋外のビアガーデンも設置しました。

通常、観覧車などアトラクションの中にはアルコールなど飲食物の持ち込みは禁止している施設がほとんどです。

SNSでは「ここでしか体験できないことをやってきた！」と特別感を感じたという投稿がたくさん寄せられました。

「BtoBアライアンス」なコラボ集客

【テックコラボ】テクノロジー体験による「驚き提供集客」

最新のテクノロジーを体験できるコンテンツはいま要注目です。

たとえば最近、「美術館」が消費の中心を担うと目されるZ世代の定番スポットになっています。美術館では近年、デジタルアートなどテクノロジーとの融合が加速。没入体験型コンテンツがとくに人気だとか。

デジタルとアナログの融合も本格的に進み始め、消費者は新たなテクノロジー体験のできるコンテンツを求めています。

箱モノ×デジタルコンテンツ制作会社

最もわかりやすい事例は、箱モノと最新のテクノロジーを活用したデジタルコンテンツの制作会社「チームラボ」とのコラボによる集客喚起でしょう。

【引用元】https://www.team-lab.com

チームラボの光の演出によるアートプロジェクトとして、「下鴨神社 糺の森の光の祭」や「東寺 光の祭」が知られています。

【引用元】https://www.teamlab.art/jp/e/shimogamo/
https://www.teamlab.art/jp/e/toji/

他にも、東京スカイツリー、大阪・長居植物園、プロバスケットチーム大阪エヴェッサのホームタウン・舞洲エヴェッサパーク、広島県三次市・湯本豪一記念日本妖怪博物館「妖怪遊園地」、さらに2024年オープン予定の東京・麻布台ヒルズなど、多くの箱モノ施設が集客喚起を目的にチームラボとタッグを組んでいます。

【引用元】https://www.team-lab.com/tokyoskytree/
https://www.teamlab.art/jp/e/botanicalgarden/
https://www.team-lab.com/evessapark/
https://www.team-lab.com/yokai_park/
https://www.teamlab.art/jp/e/borderless_azabudai/

通信・ICTサービス×観覧車

2018年のクリスマスシーズンに、弊社ではNTT西日本の技術協力で、ICTを活用した観覧車の新しい楽しみ方を提供するイベント「キモチ＊ツナガルFANTASY Powered by NTT西日本」を開催しました。

これは、ペアの来場者がリストバンド型デバイス（生体認証パルスセンサー）を装着し、ゴンドラ乗車中に脈拍や動きのデータからドキドキ、ウキウキなど5つの指標を計測し、2人の相性を「キモチ＊シンクロ率」としてパーセンテージで可視化。観覧車が1周する間に相性診断を行います。

そのシンクロ率に応じて観覧車のライトアップがダイナミックに変化します。

さらに、ＮＴＴ研究所が開発した「任意背景・リアルタイム被写体抽出技術」を活用した「記念ムービー撮影」も実施しました。これはクロマキー（グリーンバック合成）なしで撮影映像からリアルタイムに人物部分のみを瞬時に切り出し、別の背景映像と合成できる技術です。

この技術を用いて、来場者とクリスマスの映像を合成した動画をその場で提供。思い出の1ページとしてお持ち帰りいただき、ＳＮＳ等で広く拡散されました。

一方、コラボ先のＮＴＴ西日本にとっては、これらの技術を様々な場で活用できることを世の中に認知してもらうための実証実験でもあり、Ｗｉｎ-Ｗｉｎの結果を得ることができました。

【引用元】https://prtimes.jp/main/html/rd/p/000000005.000030897.html
https://www.ntt-west.co.jp/brand/ict/jirei/casestudy/f-wheel.html
https://mag.sendenkaigi.com/hansoku/201903/pickup/015436.php

【メディアセールス型】企業コラボを行い「広告収入」と「営業利益」を得る

ブランド力の高い企業に対して、メディア（媒体）としての自社施設の価値を提供するコラボは、広告収入と営業利益のアップに直結します。

他の企業のブランディングを仕掛けるかたちでのコラボで広告収入を得る。このアプローチはぜひともオススメです。そのためには、自社施設の強みをしっかりと把握することも必要です。

リストランテ×観覧車

２０１８年、日清製粉グループの株式会社日清製粉ウェルナ（当時、日清フーズ株式会社）と弊社はイルミネーションイベント「青の洞窟ＯＳＡＫＡ」というコラボを行いました。

株式会社日清製粉ウェルナの「青の洞窟」は、イタリア各地の伝統的なおいしさにこだわり、パスタソースや冷凍食品などを展開するブランドです。株式会社日清製粉ウェルナでは、その世界観と青色の幻想的な光で街を彩るイルミネーションイベント「青の洞窟」を２０１４年から開催しており、「Ｎａｋａｍｅｇｕｒｏ 青の洞窟」「青の洞窟ＳＨＩＢＵＹＡ」「青の洞窟 SAPPORO」「青の洞窟　NAGOYA」など各地で実施され、冬の定番イルミネーションになっていました。

「青の洞窟 OSAKA」では形を変えて、観覧車施設全域をジャックする形でのイルミネーションイベントを開催しました。イルミネーションに合わせた青色の装飾を施した観覧車ゴンドラをリストランテ化し、パスタメニュー「青の洞窟 ボロネーゼ」を提供しました。

また、フォトスポットとして「青の洞窟」ブランドのCMに登場する青い光に包まれたBLUE CUBEを再現。全面鏡張りの空間で青色の装飾がさまざまな角度から映し出される写真が撮影できるブースを設置しました。

さらに、「青の洞窟 OSAKA」会場での写真を「#青の洞窟」をつけてSNSに投稿をしてくれた人には、「青の洞窟」ブランドの商品をプレゼントするキャンペーンも実施されました。

このイベントでは、最大2時間待ちの行列ができるほどの反響がありました。

このコラボによって弊社は広告収入を得るとともに、営業利益の獲得にもつながりました。株式会社日清製粉ウェルナ側も、オオサカホイールを活用した〝日本一大きな看板〟を掲げることで、西日本での「青の洞窟」ブランドの認知度向上に貢献することができました。

自社の持つコンテンツをコラボによってメディア化することは、双方にとってきわめて有効なブランディングになります。

【引用元】 https://www.nisshin.com/uploads/180803.pdf

https://prtimes.jp/main/html/rd/p/000000014.000023133.html

ハイブランド周年記念×観覧車

２０２１年10月、ハイブランドフレグランスの１００周年を記念したイベントを開催しました。

〝月に一番近い場所〟としてオオサカホイール観覧車をブランドカラーにライトアップ。観覧車の中央にはブランドロゴがあしらわれました。

ゴンドラも特別仕様とし、乗車前にはフレグランスを吹きつけたムエット（香水を含ませた紙）を手渡し、ゴンドラ内ではキャンペーンフィルムを上映しました。

ハイブランド側としては、１００周年という記念すべきタイミングで、日本一の大観覧車というコンテンツとのかけ合わせにより、特別感、唯一感を醸成することのできる企画としてブランドを愛好している顧客の体験満足度を上げることができたのではないかと思います。

このイベントは10日間行われ、事前予約制でしたが、予約開始後まもなく、当初予定していた1万2000人分の予約が埋まり大きな集客へとつながりました。銀座でも六本木でもなく、大阪の都心部からも離れた場所でもこれだけの集客が可能だということを改めて認識するきっかけになりました。

もちろん、施設貸し出しの広告収入を得ることもできました。なによりも、世界的な有名ブランドとのコラボが実現できたことで、自社のブランド価値を大きく高めることにつながりました。

一つひとつのコラボ先へ丁寧に対応して実績を積み重ねていくことで評判を呼び、やがてはハイブランドからも声がかかることにもつながります。このことを肝に銘じておきたいものです。

【引用元】https://www.fashionsnap.com/article/chanel-osakawheel/

【ブランド体験コラボ】企業コラボを行い「広告収入」と「施設ブランド向上」

企業ブランディングにおいて、アピールしたい世界観をメインターゲットである顧客に体験してもらうことは重要課題です。

自社施設がその企業に代わってブランド体験（ブランドエクスペリアンス）の場を設計して提供するというコラボを行うことで、コラボ先の企業のブランド価値が広く消費者に伝わっていきます。

その結果、自社の施設ブランドも向上するという利益がもたらされます。

パフューム（香り）×観覧車

第1章でも少し触れましたが、2023年5月から弊社ではエステー株式会社「消臭力Premium Aroma」とのコラボ企画として「香りの観覧車」を開催しています。

ゴンドラ内にワンランク上の上質な香りをテーマにした、「消臭力 Premium Aroma」を設置し、香りの演出を行うことによって特別なプレミアム空間を提供します。月替わりで違った香りを展開しています。

「香り」という体験は、CMやデジタルコンテンツなどではリアルに伝えることができません。観覧車のなかで楽しみながら香りを体験できるスペースを提供することで、商品の魅力を体感として訴求することができます。

このアイデアは、弊社の施設価値を高めたいという発想からのスタートでした。ゴンドラ内部の空間を良い空気で満たし、五感に訴えることで18分間を心地よく過ごしていただきたい。それを実現するために「香り」という切り口を選びました。

「消臭力 Ｐｒｅｍｉｕｍ Ａｒｏｍａ」の香りを提供することで「エステー株式会社」という企業の「ブランド体験」をしていただくと同時に、オオサカホイールのブランド価値を高めることにもつながっています。

さらに、２０２3年の11月には、「エステー株式会社」に作っていただいたオオサカホイールのオリジナルの香りも実装しました。

【引用元】 https://osaka-wheel.com

ホテル×子ども教育支援

マリオット・ホテルは世界的カンファレンスを展開するＴＥＤとのグローバルパートナーシップを結んでいます。２０２2年には、期間限定で教育部門「ＴＥＤ-Ｅｄ」とのコラボレーションルームを米国、英国、タイの3施設で提供しました。

家族や7歳以上のゲストにお勧めのこの客室は、部屋全体がパズルの箱のような仕様の没入体験型ルームになっており、ゲストはアドベンチャー感覚での滞在を楽しむことができるというもの。

ゲストはインテリアなどの中に隠されたメッセージを見つけてパズルのピースを探し、すべて解いたゲストには修了証とホテル内のレストランで無料のデザートが提供されました。

ソーシャルリスニング調査によると、最近の消費者はホテル体験にプラスアルファの個性的なテーマ性を求めているようです。ここにもコラボのヒントがありそうです。

【引用元】https://prtimes.jp/main/html/rd/p/000001108.000011305.html

【社会課題解決コラボ】社会を良くする意欲を持った人を集客

ＳＨＩＢＵＹＡ１０９エンタテインメントが運営する若者マーケティング研究機関「ＳＨＩＢＵＹＡ１０９ ｌａｂ.」が２０２２年に「Ｚ世代のＳＤＧｓと消費に関する意識調査」を行いました。

それによると、Ｚ世代の約６割が社会的課題解決に関心があり、約７割が社会的課題に取り組む企業に好印象を持っていることがわかりました。

こうした「社会を良くしたい」という消費のモチベーションを持っている人に刺さるバズコンテンツを生み出すことは、今後のコラボの鍵になる可能性が大きいでしょう。

たとえば、地球環境を考えるアーティストや企業などと組むことで、社会課題解決にコミットすることができますし、集客につながることも期待できます。

【引用元】 https://markezine.jp/article/detail/40073

海ごみ問題×アート

いま海洋プラスティックごみ問題が深刻化しています。

世界の海では毎年少なくとも８００万トン（ジャンボジェット機５万機相当）ものプラスティックごみが海に流出しており、そのうち2～6万トンは日本からのごみだと考えられています。

こうした実情を訴えるため、海洋生物をモチーフにしたアートの創作活動を行っているのが海ごみアーティスト・あやおさんです。素材は主にプラスティックの破片など海岸で拾ったごみ。魚など海洋生物の特徴に合わせてうまく使われています。

同様に、海の廃品を使ってくじらなどのアートを創作しているアーティスト・しばたみなみさんやＳＤＧｓのイベント企画等を手がける株式会社ＷＡＴＡＳＵなど、環境問題をアートで伝える試みは少なくありません。

【引用元】 https://www.nippon-foundation.or.jp/journal/2021/62108
https://www.nippon-foundation.or.jp/journal/2020/43293/ocean_pollution/

https://www.nippon-foundation.or.jp/journal/2022/71316
https://prtimes.jp/main/html/rd/p/000000001.000076909.html

コンビニ×こども食堂

コンビニエンスストア大手のファミリーマートでは、２０１９年から全国の店舗で「ファミマこども食堂」を展開してきました。

こども食堂には、一般に子どもたちへの食事支援や孤食の解消、食育などがありますが、ファミマ子ども食堂の主な目的は、近隣地域のコミュニティ形成と未来を担う子どもたちを応援することです。

店舗のイートインスペースで地域の人たちと一緒にごはんを食べたり、レジ打ち体験や商品陳列、普段は見ることのできないお店のバックヤード見学など、楽しい食事と体験イベントを組み合わせたプログラムです。

【引用元】https://www.family.co.jp/sustainability/with-sustainability/story/story04.html
https://www.family.co.jp/company/csr/children/kodomo-syokudo.html

地域通貨×ＳＤＧｓ

鎌倉に本社を構えるＩＴ企業・面白法人カヤックでは、自社の展開する地域通貨（まちのコイン）を使って、ごみの減量などＳＤＧｓを推進するプロジェクトに参画しています。

これは、ごみ拾いイベントなどに参加すると、地域の商店街で使えるまちのコインがもらえるという仕組み。ＳＤＧｓのジブンゴト化やコミュニティ通貨による地域経済の活性化につながっています。

１社が行っている事例ではありませんが、企業が商店街などを巻き込んで社会課題の解決に取り組むという共創型コラボも、地域への集客を図るという意味で有効なアプローチではないかと思います。

【引用元】https://www.kayac.com/service/machino_coin

「ときめき体験」なコラボ集客

【出会い機会創出コラボ】恋人探しのために人はあらゆる行動をする

好きな人に出会うためなら、私たちは凄まじいまでの情熱（＝エネルギー）を投入します。この恋愛パワーをうまく活用することで、集客のためのスーパーコンテンツが生まれます。そんな恋活の出会いの場として箱モノを活用する事例はたくさんあります。

恋活×観覧車

自社例ですが、複数の男女に集まってもらって交流会を開催し、そこでマッチングを仕掛け、互いに興味を持ったペアは観覧車に乗って、1周18分の間にコミュニケーションを深めてもらうというイベントを行いました。

マッチングしなかった人には、リベンジチケットではないですが、「またいらしてください」と観覧車ペア乗車券をお渡ししました。

また、オオサカホイールでは「地獄のゾンビ観覧車」などホラーイベントを展開していますが、これをデートプランに組み込んで提供しました。体験型ホラーアトラクションによる楽しいデートの空間は恋活にぴったり。不安や恐怖のドキドキを恋愛感情と錯覚する「吊り橋効果」も期待できます。

レストラン×合コン

「合コンにオススメ」を売り文句にするレストランは少なくありません。たとえば、東京・六本木にある某タイ料理店など、お客さん同士の合コンをセッティングしている店もいろいろあります。「それだけでも行く価値がある」ということでお客さんが集まります。

こうした恋愛コンテンツによる来店喚起は再現性があるので、誰でもすぐに始められるコラボ集客だと思います。

ホテル×恋愛カウンセリング

全国を出張などで飛び回る独身女性をターゲットに、かつて東京・赤坂のシティホテル「The b 赤坂」がリブランドオープンする際に、女性限定の「恋愛体質改善プラン」という宿泊プランを企画しました。恋愛コンシェルジュがホテルに常駐し、宿泊中に個別で恋愛カウンセリングを行うというプランです。

さらに別料金で、女性ホルモンの分泌を高める大豆イソフラボンやセージ、ローズなどを使ったオリジナルディナーも用意しました。

なお、この企画について共同ピーアールがプレスリリースを配信したところ、ホテルオープン時には多くのメディアで紹介されました。

【引用元】https://www.excite.co.jp/news/article/0009113313725/

クラブイベント×恋活

かつて、青山の「ジ・オービエント」というクラブではクリスマスにJ-WAVEと組んで「ぼっちーずナイト」というイベントを開催しました。いまでいう〝クリぼっち〟（12月25日のクリスマスをひとりぼっちで過ごすこと、または人）を対象にした企画です。

当日はJ-WAVEが現場からの中継をオンエアし、その間に人がどんどん集まってきてものすごい集客喚起になったそうです。

クリぼっちをターゲットにしたクリスマス恋活パーティーイベントはその後も行われてきました。その日本最大級のものが1994年に渋谷のクラブで始まった「SABISHIN BO NIGHT」です。このパーティーはその後、東京・新木場にある日本最大級のクラブ「ａｇｅＨａ」で開催され、毎年、動員記録を更新。25年で合計約16万人の〝さびしんぼ〟たちを救済してきたそうです。

近年、こうした〝ぼっち〟客をターゲットとするイベントやプランは増えています。そこに集客のための新たなビジネスを創出できるチャンスがあるかもしれません。

【引用元】http://www.sabishinbonight.com

百貨店×携帯電話端末

かつて、大阪の阪急うめだ本店の前の名物のクリスマスツリーを「恋人の聖地」にしようというイベント企画がありました。

ＮＥＣとコラボして、キラキラ光るイルミネーション搭載のＮＥＣ携帯電話端末をクリスマスイルミネーションと同じ模様にして店頭に飾り、さらにクリスマスをモチーフにした携帯小説とも絡めて展開しました。恋人の聖地化計画とモバイルを使った集客に、携帯小説のストーリー性が加わって成功した事例です。

遊園地×マッチングアプリ

２０２２年、富士急ハイランドではマッチングアプリとコラボし、期間限定でアトラクションを使った恋愛応援イベントを実施しました。

なお、弊社事業が主に対象とするお客様はファミリーやカップルが中心なので、マッチングアプリとのコラボは行っていません。

【引用元】https://prtimes.jp/main/html/rd/p/000000074.000044116.html

【恋愛増進コラボ】彼にプロポーズさせたい！　カップル倦怠期にテコ入れ

とくに、女性にとってプロポーズの場所やシチュエーションは一生の記憶に残ります。

「ねえ、今度あそこに行こうよ」

ひそかにプロポーズを期待している女性が、彼氏にそう言いたくなるようなロマンティックな空間を提供する。そんなコラボを企画して、感動を演出するお手伝いをしてみませんか？

プロポーズ演出×観覧車

弊社の観覧車ゴンドラ72基のうちの2基限定で、VIPゴンドラになっています。革張りでふかふかの座席シートやLEDライト搭載の床面などゴージャスな空間になっており、カップルのデートを盛り上げます。オプションでスパークリングワインやシャンパンがついたプランも用意しています。

観覧車はプロポーズのための究極のスポット。観覧車が頂上に来る瞬間が最高のタイミング！と考えている人は少なくありません。そのための演出もお手伝いしています。

たとえば、こんな仕掛けです。

ゴージャスなゴンドラだと、事前に女性に「プロポーズされるかも……？」と気づかれやすいので、まずはあえて普通のゴンドラに乗っていただきます。プロポーズに成功したら、ＶＩＰゴンドラに乗ってもう1周していただきます。

ＶＩＰゴンドラの方は、あらかじめお名前を入れ、キャンドルや花束、風船を用意するなど男性の希望に応じてフルオーダーで演出します。

地域活性化プロジェクト×観覧車

２０１７年、オオサカホイールはプロポーズにふさわしいロマンティックなスポットとして「恋人の聖地サテライト」に認定されました。恋人の聖地とは、ＮＰＯ法人地域活性化支援センターが主催する「恋人の聖地プロジェクト」によって選定された観光スポットです。

この認定を機に、「天空で想いを結ぶ観覧車」をコンセプトとして恋人や夫婦で大切な時間を過ごすためのイベントや企画を実施してきました。「空で想いを結ぶ願掛けミサンガ」

のサービス、観覧車入り口付近に設置された「天使の羽フォトスポット」、毎月12日の日没後限定「恋人の聖地ペア得乗車チケット」などです。

また、2022年12月24日からは「恋人の聖地Specialフォトスポット」が常設されています。


【記念日（アニバーサリー）コラボ】誕生日、父の日、母の日、プロポーズデー、結婚記念日etc

季節のイベントと並んで、「記念日」も格好の集客機会です。

父の日や母の日といった共通の記念日、個人的な誕生日や結婚記念日、オリジナルのアニバーサリーにも寄り添えるようなイベントを提案してみましょう。

誕生祝い×観覧車

必ずしも他社とのコラボということではなくても、現在のコンテンツに、お祝いの日の空間や演出を付け加えるだけで新しい価値が生まれます。

弊社では、誕生日であれば観覧車が頂上に着いたときにバースデーソングを流す、あるいは事前に用意しておいたケーキをゴンドラ内に仕掛けておくといった演出を行います。

少し変わったところでは、推しのアーティストの誕生日をお祝いしたいというお客様のためにゴンドラを貸し出したこともあります。ゴンドラ内に、お客様自身が持ち込まれた、推しのアーティスト写真を何百枚も並べ、ファンが集うスペースとして活用される場を提供しました。

ただ、ファンミーティングなどを目的としたイベントを弊社が販促で行ってしまうと権利関係の問題が生じるリスクもあるので、あくまでもファンのお客様にゴンドラという空間をスペースとしてお貸し出しするという形にしています。

オリジナル記念日×イベント

個人的な誕生日などの記念日ばかりではなく、世の中にはいろいろな記念日が存在します。「はじめての日」が記念日になっていることが少なくありません。

また、一般社団法人「日本記念日協会」にはさまざまな記念日が登録されています。自分たちで記念日を作って登録してみてはいかがでしょう（登録料は1件15万円）。

自分たちオリジナルの「〇〇の日」をアピールして、コラボイベントなどを企画すればローコストで集客できる可能性があります。

【引用元】 https://www.kinenbi.gr.jp

ホテルウエディング×観覧車

これも自社例ですが、２０１７年、かつて同じ万博記念公園エリアにあったホテルのウエディングプランとコラボしました。「観覧車の中で結婚式ができる」というプランで、ゴンドラが1周する18分間に、司会者による聖書朗読や指輪交換、誓いのキスなど本格的な流れで挙式を行うというものです。

観覧車で挙式をあげたカップルは「思い出の場所」ということでリピーターになってくれる可能性があります。このように、アニバーサリーコラボは次につながる入り口やきっかけになり得ます。

【引用元】https://prtimes.jp/main/html/rd/p/000001631.000002504.html

【映えコラボ】ＳＮＳ承認欲求を味方につけて勝手にバズる

最近の若者たちの大きな関心事は「ビジュアルコミュニケーション」です。つまり、〝ＳＮＳ映え〟です。

かつて写真や動画はイベントの記録といった意味合いが大きかったのですが、いまは感動の体験を恋人や友人、家族に伝えるためのツールになっています。

若者だけではなく、最近ではシニアの世代などの間でもＳＮＳ承認欲求が強まり、ビジュアルコミュニケーションが浸透してきています。

ＳＮＳ映えはいまや人々の行動指標になっています。そのキーワードは「共有」です。独自のコラボで、双方向に体験のシェアができるコンテンツを生み出せれば、「放っておいても勝手にバズる」という状況も夢ではありません。

映え写真×観覧車

思わずＳＮＳに投稿したくなるような映え写真が撮れるという弊社のコンテンツです。

「天空のセルフ写真館観覧車」は大手メーカーとの実証実験（コラボ）により、ゴンドラに本格的な一眼レフカメラと当施設向けに開発いただいた撮影システムを搭載し、手元のボタン（シャッター）を押すだけで映える写真を撮影できるという企画。ＳＮＳ投稿がしやすいスクエアタイプでの撮影が可能になっています。

６テーマカラーの期間限定の特別仕様ゴンドラを用意しています。観覧車の背景は刻々と変化していきますから、その一瞬をとらえた貴重な写真を持って帰ることができます。

１周18分の間に撮影した写真はすべて降車後お客様のスマホで、レシート用紙に表示されているＱＲコードを読み込むと、無料でダウンロードできます。

コスプレ×観覧車

映えコラボのバリエーションの自社企画ですが、コスプレ衣装を着たまま観覧車に乗るというイベントも実施しました。

コスプレファンの皆さんがよくいわれるのは、「写真を撮れる場所が少ない」「非日常の空間をバックに写真を撮りたい」ということです。そうしたコスプレイヤーのニーズを満たす空間を提供することで集客をかけました。

コスプレイヤーが自分たちの写真をＳＮＳなどで拡散することで、自社の認知度が高まるというメリットもあります。

そもそも、コスプレをした方が入れない箱モノも多いので、そこをあえて逆手に取って、コスプレイヤー開放デーをつくって集客するというのは再現性のある打ち手ではないかと思います。

なお、同様のイベントを仕掛けている遊園地などの箱モノも少なくないようです。

【引用元】https://www.oricon.co.jp/news/2138770/full/

「ファンパワー活用」なコラボ集客

【アニメコラボ】IPパワーで集客

その時々で人気になっているアニメや漫画、ゲームなどのキャラクターを活かしたコラボは〝王道〟といえるでしょう。その絶大なIPパワーを活用しない手はありません。最近でいえば、多くの企業等が『鬼滅の刃』や『呪術廻戦』などとのコラボキャンペーンを展開しました。

アニメIP×観覧車

これまでに弊社でも、TVアニメ『忍たま乱太郎』(2019年)とTVアニメ『鬼滅の刃』(2022年)とコラボしてきました。

ここでは『鬼滅の刃』とコラボした限定アトラクションについて紹介しましょう。

ゴンドラには主人公たちの羽織をイメージした装飾を施し、キャラクターのオリジナルボイスを流しました。また、観覧車周辺にはハイライトシーンを展示したアニメハイライト回廊やキャラクターが勢揃いするフォトスポット、アニメをモチーフにした鍛錬体験ができる鍛錬体験エリアなど、その世界観に没入できるような企画を数多く用意しました。

人気のコンテンツにはやはり集客力があるということを実感したコラボ企画になりました。

具体的なＩＰの選択にあたっては、そのコンテンツに付いているファンの母数を情報収集することから始めます。

さらに、ファンが動く力を把握するための指標として、グッズの購買力や支出喚起力を調べることも大切です。情報源は、ＳＮＳへの投稿の量やユーザーの中での週間・月間投稿本数や反応率などの数字です。

変わった指標として注目しているのが、グッズのメルカリ転売の価格設定を参考にすることもあります。定価より高い価格での出品が多ければユーザーの「熱量＝購売意欲」が高まっていると判断することも可能です。

【引用元】https://kimetsugoods.blog.jp/archives/16721279.html
https://www.fashion-press.net/news/90091

ドリル学習書×エンタメ施設

シリーズ累計1000万部を記録した『うんこドリル』。エンタメ施設とのコラボ企画として、おでかけスポットのみで配布する限定冊子『うんこおでかけドリル（なつやすみ編）』が発行されました。

大阪版では天王寺動物園などと並んでオオサカホイールも掲載されました。このドリルは対象のおでかけスポットへ行き、配布条件をクリアしないとゲットできないので、多くのお子様が来園し、観覧車を利用してくれました。

【引用先】https://unkogakuen.com/collaboration
https://dac-kansai.co.jp/unko-odekake/

【マニア（オタク）コラボ】「推し活」マニアをターゲットにする

アイドルだけではなく、アニメ・ゲームキャラクターなど、自分のイチオシを見つけて応援する「推し活」も流行っています。

推しを愛するファンは、自分が購買者になるだけでなく、情報発信者として商品やサービスをPRしてくれる存在にもなり得ることから、「推しマーケティング」という言葉も生まれています。

推し活は同じ趣味や好みを持つ友達と行動することも多いので、共感の得られるコラボを実現すれば、集客にも大きな期待が持てるのではないかと思います。

声優×観覧車

弊社が推し活に着目して2018年に行ったコラボイベントに「声優観覧車」があります。ゴンドラの中だけで、若手人気声優のキャラクターボイスが聞けるというイベントです。

この企画は、恋愛シミュレーション的な要素のある女性向けスマホゲームと連動させたものです。ゲーム上のキャラクターと観覧車に乗ってデートをするという仕掛けを作り、特別仕様になったゴンドラに乗車すると、人気キャラクターの複数名の声優さんによる人気キャラクターのオリジナル新作ボイスを聞くことができるという展開を用意しました。

【引用元】https://prtimes.jp/main/html/rd/p/000000003.000030897.html

アミューズメント施設×カスタマイズコーヒー×推し活

サントリーが2021年から神奈川・川崎と東京・二子玉川の2つの映画館で展開している「タグコーヒースタンド」という店舗があります。ボトル入りコーヒーの中身とラベルを

Ｗｅｂサイトからカスタムオーダーできるというものです。

その前身は２０１９年に東京・日本橋にオープンした「タッチアンドゴーコーヒー」でした。近くのオフィスワーカーをターゲットに、コーヒーをモバイル上で事前に注文・決済し、店舗ではロッカーから取り出すだけというサービスでした。その際、商品の取り間違えを防ぐために、ボトルとラベルに名前やカラーが自由に選べる機能をつけました。


ところが、このサービスはメーカー側の思惑とは違って、女性の「推し活」ユーザーが利用者の９割を占めたのです。コーヒーに自分の名前を入力するのではなく、好きなアイドルやアニメキャラクターの名前などを入れる人が続出しました。こうして推し活アイテムとしてウケたこのサービスは、ＳＮＳで拡散されて話題になりました。

サントリーはこの市場性に注目。推し活を意識したラベルのカスタマイズができる「ＴＡＧコーヒー」として売り出しました。


話にはさらに続きがあります。

２０２３年４月、このサービスが新たに「ＴＡＧ　ＬＩＶＥ　ＬＡＢＥＬ」という名前で、東京・新宿の東急歌舞伎町タワーに新しく開業した「ｎａｍｃｏ　ＴＯＫＹＯ／ＯＮＥ Ｐ

ＩＥＣＥカードゲーム公式ショップ」と「１０９シネマズプレミアム新宿」でスタートしました。

イベントなどを運営する企業やグッズショップなど導入企業の持つキャラクター画像やその場で撮影した写真を飲料ラベルとして出力し、その日、その場所だけのプレミアム感のある1本をファンに向けて販売するという新しいサービスです。

推し活マニアをターゲットとするこのコラボは、推し活ユーザーに親和性の高い映画館やグッズショップなどから新たな市場として注目されています。

【引用元】https://biz-journal.jp/2022/12/post_328509_2.html
https://xtrend.nikkei.com/atcl/contents/18/00591/00002/
https://www.suntory.co.jp/company/suntorypost/article_TagCoffee-Takahashi.html

【エンタメ鑑賞コラボ】映画、劇、お笑いなど

映画、舞台、お笑いなどのエンターテインメントもコラボ集客にとっての強力なコンテンツです。弊社では、映画のプロモーションなどで観覧車をよく使っていただいています。

アニメやキャラクターの劇場版との組み合わせもエンタメコラボのひとつといえるでしょ

う。

アニメ・キャラクター×映画（劇場版）×店舗・施設

最近のパターンとして、アニメなどのキャラクター×映画（劇場版）の盛り上がりを背景にしたコラボが目立ちます。

たとえば、根強い人気キャラクターのひとつに「すみっコぐらし」があります。「たれぱんだ」や「リラックマ」を生んだサンエックス社のキャラクターです。

このキャラクターの3作目の映画「すみっコぐらし ツギハギ工場のふしぎなコ」が2023年11月に公開されました。

これまでに、ファミレスやお菓子などのほか、全国のさまざまな地方都市とのコラボも行っています。

【引用元】https://www.licensing-x.com/20230822sumikkogurashi/

1997年以降、例年劇場版を公開するたびに興行収入を更新する「名探偵コナン」も変わらず注目の的です。

その人気を背景に、2021年には劇場版の公開に合わせて、カレーハウスCoCo壱番屋が名探偵コナンとコラボしました。

また、２０２３年公開の劇場版では興行収入１００億円を突破。その舞台になった八丈島は「聖地巡礼」で訪れるファンで賑わっているそうです。

【引用元】https://www.licensing-x.com/20230622detectiveconanmovie/
https://www.ichibanya.co.jp/cp/conan/

また、２０２２年に爆発的にヒットした「ＳＰＹ×ＦＡＭＩＬＹ」も映画化され、劇場版が２０２３年12月に初公開。これに先立って、すでにセブンイレブンやマクドナルド、東武動物公園などがコラボキャンペーンを実施しています。

こうしたキャラクター×映画（劇場版）の人気を活用するコラボを行うことで集客につなげられる可能性も大です。

お笑い×観覧車

弊社では２０１８年のお正月三が日に、「初笑い観覧車」というコラボイベントを行いました。新春を幸せな気持ちで迎えてもらうおうと、観覧車とお笑いを組み合わせました。

登場してもらったのは、2016年にM-1グランプリ王者になったお笑い芸人です。

観覧車が上っていくときと下りてくるとき、それぞれの新作ネタを音声で仕込んでもらい、お客様にゴンドラ内でお笑いライブを楽しんでもらいました。

地元・大阪ですから笑いは日常にあり、普段はニュース性はさほどありません。「正月の初笑い」という時事性を組み合わせ、さらに旬の芸人さんのパワーも借りることでバズりやすい状況をつくりました。これによって、大阪のキー局などからの取材があり話題になりました。

【アイドル・アーティストコラボ】アイドル、アーティストの集客力とコラボ

推し活ブームともリンクしますが、人気のアイドルやアーティストの集客パワーを活用したコラボもオススメです。

ほんの一例ですが、最近話題になった箱モノのコラボでは次のようなものがありました。

東京お台場「ダイバーシティ東京」×SNSフォロワー数100万人超のアイドルグループ

「7m!n」のコラボ

東京銀座の商業施設「GINZA SIX」×TikTokで絶大な支持を集めた正体不明のアーティスト「YOAKE」とのコラボムービー

「マルイファミリー海老名店」×ボーカルユニット「ラストファースト」と「ファイナリー」のLIVE型コラボイベント

【引用元】https://prtimes.jp/main/html/rd/p/000000121.000009950.html
https://prtimes.jp/main/html/rd/p/000000015.000075351.html
https://e.usen.com/news/news-release/yoake-ginza-six.html

アイドル×観覧車

２０１９年、オオサカホイールでは人気グループ「なにわ男子」をアンバサダーに迎えました。

当時、なにわ男子はまだデビュー前。ファンの「早くデビューさせたい！」という気持ちを最大限に引き出すことで、オオサカホイールの集客につなげたいという思いがありました。

その夏には、「なにわ男子Ｌｕｃｋｙ！ＳＵＭＭＥＲ！」を開催。期間中、観覧車のゴンドラ内はなにわ男子仕様となり、ステッカーで装飾され、「なにわ音声ガイド」が流れました。入り口にはなにわ男子によるウェルカム動画や記念撮影スポットを用意するなど、ファンに楽しんでもらえる環境づくりを行いました。

また、期間中には特別企画「なにチャレ」と称して、いくつかのチャレンジを用意しました。たとえば「ストップウォッチチャレンジ」。〝なにわ〟にちなんだ数字、7分28秒ピッタリでストップウォッチを止めるという挑戦です。なにわ男子のメンバーとともに、お客さんにも挑戦してもらい、成功したらグッズをプレゼントするという企画でした。

実際、このスペシャルイベントにはファンがたくさん集まってくれてニュースになり、なにわ男子デビューへ後押しに繋がったものと思っています。

【引用元】https://www.lmaga.jp/news/2019/07/71926/

「地域×文化」なコラボ集客

【カルチャーコラボ】芸術、文化などとのコンテンツコラボ

近年、地方創生や地域文化の活性化を旗印にしたさまざまなコラボレーションが話題になっています。これも「イミ消費」のひとつの流れでしょう。

とくに、芸術や文化などとのコンテンツコラボとして、企業や商業施設、芸術系大学、地方公共団体などが連携するプロジェクトも全国各地で展開されています。

また、身近な例としては、カフェやレストランなどが写真展や絵画展などギャラリーとして開放するという形のコラボも、シンプルですが集客には確実な効果があります。

アーティスト、クリエイターなどと組んで話題性を作り、お客様を呼び込むのもオススメです。

コラボレーションホテル×子どものためのアトリエ

２０２２年、大阪市住之江区の高級ホテル「ハイアットリージェンシー大阪」（現在はグランドプリンスホテル大阪ベイにリブランド）の施設内に、「星野リゾートリゾナーレ大阪」が開業。１つの施設に２つのブランドが共存するコラボレーションホテルとして話題になりました。

リゾナーレは星野リゾートが手がけるファミリーアクティビティが充実した体験型リゾートとして知られていますが、この「星野リゾート リゾナーレ大阪」の最上階の28階には日本最大級の「アトリエ」があります。

ここではイタリア発祥の世界で最も先進的な幼児教育「レッジョ・エミリア・アプローチ」が導入されています。これは、子どもの主体性を大切にし、アート活動やプロジェクト活動に力をいれる教育法です。子どもたちは「アトリエスタ」と呼ばれる芸術の専門家との対話を通して、創造力を深めていきます。

このアトリエはリゾナーレ大阪の象徴する施設となっていて、ファミリー層を惹きつけており、コラボレーションホテルという新しいアプローチとともに注目されています。

【引用元】https://hoshinoresorts.com/ja/hotels/risonareosaka/
https://www.ozmall.co.jp/travel/stay/article/33473/

https://hoshinoresorts.com/ja/hotels/risonareosaka/sp/atelier_atelierista/

商業施設×芸術系大学

商業施設と芸術系大学のコラボによる産学連携プロジェクトも各地で行われています。

まず、「大阪芸術大学」は三井不動産グループが関西地方で運営する商業施設において包括的な連携協定を結んでいます。

２０２２年には大阪芸大デザイン学科の学生が、「ららぽーとＥＸＰＯＣＩＴＹ」の館内箱庭をクリスマス装飾するとともに、光の広場のサイネージを活用してデジタルアートを投影しました。

さらに、夜にライトアップされた会場を施設内にあるオオサカホイールから見下ろすと、真っ赤な「ＥＸＰＯ」の文字が浮かび上がるという仕掛けも用意され、会期中は多くの来場者が楽しんでくれました。

【引用元】https://prtimes.jp/main/html/rd/p/000000068.000044215.html

https://www.osaka-geidai.ac.jp/topics/expo2019

一方、東京では２０２２年、「東京ドームシティ」と「東京藝術大学」による産学連携の取り組み「東京ドームシティ アートプロジェクト」が始動しました。アートを切り口にした顧客体験価値の創出によって企業ブランド向上を図るために5年間、継続的な取り組みを実施する予定です。

ひとつのきっかけは、東京ドームシティのある文京区は日本の伝統文化が感じられる地域で、東京ドームシティが「東京ビエンナーレ２０２０／２０２１」に参画したことで、アートとの親和性の高い場所だということが再認識されたことでした。

２０２２年には、東京ドームシティと水道橋駅をつなぐ通路の壁（アートウォール）で若手アーティストによる展示が行われるとともに、「子どもも大人も芸術家といっしょにアート体験」というワークショップも開催されました。

【引用元】https://prtimes.jp/main/html/rd/p/000000085.000077656.html
https://www.tokyo-dome.co.jp/event/city/events/artproject.html

【お祭りコラボ】お祭りの集客力とのコラボ

お祭りは、その地域の商業施設にとって集客のためのまたとない機会です。コロナの影響で中止になっていた各地のお祭りも少しずつ再開されてきています。

お祭りに合わせて集客のためのイベントを打つなど、お祭りに相乗りして、その集客力を活用したコラボを企画してみてはいかがでしょうか。

また、地域の商店会などが連携してお祭りを招致し、地域全体の集客をアップさせるという手も考えられるでしょう。

食×祭り

2022年、東京浅草にある複合商業施設・東京楽天地浅草ビルに、食と祭りの殿堂「浅草横町」がオープンしました。

ここにはエンタメ酒場7店舗が集結しており、日本のハレ文化を体験しながら食事を楽しめる場になっています。毎日、大道芸人が飲みの場を盛り上げ、週末になると「よさこい」「阿波踊り」「盆踊り」などの団体が参加して、祭り気分は最高潮に。施設内にはレンタル着物屋さんもあり、着物で祭り気分を楽しめます。

【引用元】https://prtimes.jp/main/html/rd/p/000000010.000066881.html
https://www.spice-works.co.jp

ファッションビル×博多祇園山笠

福岡・天神にあるファッションビル「ソラリアプラザ」では、博多の夏の風物詩・博多祇園山笠の飾り山笠「十五番山笠ソラリア」をイベント広場で披露し、毎年多くの来館者から好評を得ています。

２０２３年は、屋内の吹き抜け空間を活用して、国内外で高い評価を得ている墨絵アーティスト・西元祐貴さんによる博多祇園山笠のために描かれた作品を展示しました。

【引用元】https://prtimes.jp/main/html/rd/p/000000470.000017692.html
https://prtimes.jp/main/html/rd/p/000000127.000074187.html

商店街×高円寺阿波おどり

毎年8月の終わりに開催されている東京高円寺阿波おどりは本家徳島阿波おどりに次ぐ規模の大イベントで、2日間で１００万人が来場する東京の夏の風物詩として知られています。

コロナ禍で3年間中止になっていましたが、２０２３年夏に復活しました。

高円寺一帯には多くの屋台が出店し、商店街の飲食店やコンビニなども店の前に屋台を出すなど大きな賑わいを見せます。主催は、ＮＰＯ法人東京高円寺阿波おどり振興協会で、高円寺の商業施設にとっては年間最大の稼ぎどきです。

なお、阿波おどりには「連」と呼ばれる団体が複数あり、なかでも最も有名なのは「菊水連」で、海外公演やVRを活用した取り組みなども行っています。2023年、この菊水連とキャラクターボイスブランド「A・I・VOICE」がコラボイベントを実施しました。

地元のコラボ店舗ではお買い上げに応じて、コラボキャラグッズが当たる抽選に参加できるチケットを配布。イベントは地域商店の売上にも貢献しました。

【引用元】http://www.koenji-awaodori.com
https://www.ai-j.jp/topics/7300/

商店街×原宿表参道元氣祭スーパーよさこい

東京・原宿表参道では毎年8月の最終土日に首都圏最大級の「よさこい祭り」が開催されます。よさこいの発祥の地・高知など全国各地から100を超えるチームが集結し、よさこい鳴子踊りを披露します。

主催は商店街振興組合原宿表参道欅会です。装置集約型の七夕祭りなどは開催する商店街の出費が多くなりますが、よさこい祭りは踊りを主体とした参加者集約型の祭りなので、主催者側の持ち出しが少ないわりに大きな集客効果が期待できます。

【引用元】https://www.super-yosakoi.tokyo

【特産品・地域おこしコラボ】特産品展や地域おこしイベントによるコラボ集客

日本全国の特産品展との「特産品コラボ」や、地域愛をフックに応援者を集客する「地域おこしコラボ」も近年盛んになっています。

とくに、商業施設のイベントスペースを活用した物産展コンテンツは話題性と集客力が高いことで知られます。消費者にとっては、普段の店頭では見られない商品との出会いがあり、わざわざ遠くまで行かなくてもいろいろな地方の名産品を購入できるという「特別感」があります。

自社の箱モノで「○○フェア」と銘打って物産展を開催することで、その世界観に惹かれて特定の地域のファンが集まり、それをきっかけに固定客化する可能性もあります。

こうしたイベントは〝モノ〟にフォーカスすれば物産展の色合いが濃くなりますし、「北海道フェア」など〝地名〟を前面に打ち出せば地域おこしに近くなってきます。

たとえば、47都道府県すべての物産展フェアを開催するというのはいかがでしょうか?。

【引用元】https://hanrotayouka.jp/case/09.html

http://www.fieldmarketing-tech.com/suggest_sales/bussanten.html

雑貨専門店×物産展

雑貨専門店の「渋谷ロフト」（東京渋谷）では2023年、「麺」をテーマにした地域創生×SDGs企画「ロフコト雑貨店」の期間限定イベントとして、香川県の県産品・観光PRイベント「うどん県。それだけじゃない香川県」を開催しました。

会場では、麺類を中心とした香川県産の食品をはじめ、讃岐うどんの出汁に欠かせない「いりこ」をモチーフにした雑貨も販売しました。

また、「うどん」と音の響きが似ているということで、「うどん県PR団」に任命されたポケットモンスターの「ヤドン」と伝統的工芸品がコラボした非売品グッズやぬいぐるみの展示、香川県以外では手に入りにくい「うどん県おもてなしパスポート」の限定配布なども行いました。

自社の雑貨品販売の事業などともからめた、ひとひねり効いた物産展になりました。

【引用元】https://prtimes.jp/main/html/rd/p/000001211.000018324.html

地下街×物産展

2021年、大阪梅田の地下街（ディアモール大阪）のイベントスペースで鹿児島観光物産展が開催されました。

店頭での呼び込みをしなくても、イベント初日の開始直後から多くの来場者数がありました。

その理由のひとつは、地下街の足元圏内に絞ったエリア広告（新聞広告とローカルラジオ局）を打つという事前告知方法にありました。

【引用元】https://www.oud.co.jp/ds/blog/report/entry-1726.html

「癖になる」コラボ集客

【恐怖体験コラボ】ホラーコンテンツなど恐怖心をフックに集客する

コラボ集客の最大のツボは、「あそこに、また行きたい！」と思わせることができるかどうかです。

最初は「ちょっと覗いてみるか」程度の軽い気持ちで行ってみたけれど、気づいたらいつの間にか沼にハマっていた！　誰しも思い当たる体験です。

「なぜか気になる」「〝怖いもの見たさ〟で、つい足を運んでしまう」

そんな心理に働きかけるコラボ集客のひとつが「恐怖体験コラボ」です。

店舗・施設×ホラーイベント

弊社では2020年、ホラー×テクノロジー集団株式会社闇とのコラボで、ゴンドラを恐怖の館にアレンジした「最恐観覧車シリーズ・地獄のゾンビ観覧車」というイベントを行い、大盛況を収めました。

ゴンドラの窓を塞いで真っ暗にして外が全く見えないシチュエーションを作り、プロジェクション映像や立体音響、振動シートなどのテクノロジーを駆使した演出で恐怖を煽ります。2回目のシリーズ「暗黒」では、サングラスをかけて視覚を奪われた状態でスタートするという恐怖体験を味わっていただきました。

このコラボでは、観覧車という、ひとたび乗ったら逃げ場のない密室空間だからこそのホラー体験を楽しんでもらえるのではないかと考えました。

しかし当初、とても頭を悩ませた問題がありました。

「観覧車は外の景色を楽しんでいただくのが大前提の乗り物なのに、外の世界が全く見えない〝真っ暗〟なゴンドラにしていいのだろうか？」

ということです。

コラボ相手からは「外が見えるパターン」もご提案いただきましたが、弊社ではあえて「観覧車の常識を破る」ことを選択しました。真っ暗にして全く景色を見せないというところまで振り切った。その逆転の発想による奇抜なアイデアが成功したといえるでしょう。


最近、ホラーイベントは大人気で、廃校を利用したお化け屋敷イベントなども全国で行われています。集客に困っている施設の打ち手として、文化祭のようなお化け屋敷コラボを検討してみてはどうでしょうか。

「うちは設備もないし、お化け屋敷なんて……」と思われるかもしれません。

しかし、観覧車という究極に狭い空間でもお化け屋敷ができるのです。ちょっとした空きスペースをお持ちのお店や施設であればどんな場所でも実現可能です。

お化け屋敷コラボは、集客施設にホラー空間をデリバリーできるというメリットがあります。

なお、〈どんな場所でもお化け屋敷にできる〉と提案するお化け屋敷・ホラーイベント制作会社「怖がらせ隊」では、「救急車型お化け屋敷」や「ドライブインお化け屋敷」「結婚式場を使った宿泊型お化け屋敷」などユニークなイベントを展開しています。

【引用元】https://bub-resort.com/column/526/
https://death.co.jp/ja/
https://mito.keizai.biz/headline/2171/
https://kowagarasetai.com

【冒険コラボ】冒険心をくすぐり、宝探し・謎解きなどの興奮を提供

冒険心をくすぐる冒険コラボもオススメ。最近のキラーコンテンツは宝探しと謎解きです。謎解きや脱出ゲーム、宝探しはアプリなどでも人気ですが、箱モノで提供したいのはなんといっても体験型のエンターテインメントです。

さまざまな場所を舞台に、参加者が物語の主人公になって謎を解いたり宝探しをする醍醐味を体験できるイベントが好評です。

店舗・施設×宝探し・謎解きイベント

宝探し・謎解きイベントの企画会社「タカラッシュ」では、冒険をテーマにさまざまなオリジナルコンテンツを展開しています。イベントはテーマパークなどの施設から店舗まで規模の大小にかかわらず開催します。

商業施設では、「宝探し」「謎解き」というアイキャッチになるイベント内容と本格的なゲーム設定によって、ファミリー層はもちろん友人やカップルに対して訴求し、幅広いターゲットの集客を図っています。

さらに、宝を見つけ出すポイントを施設全体に設定することで、参加者の回遊性がアップし、顧客の施設内での滞在時間が長くなり、本来の目的以外の購買の促進が見込めます。


また、弊社で展開している「ドラマチック謎解き観覧車・18分探偵と密室ゴンドラの謎」の制作協力をお願いしている謎解き制作団体「よだかのレコード」では、他の体験型謎解きとは一線を画すブランド「ドラマチック謎解きゲーム」を制作運営しています。

有名ゲーム・アニメなどのタイアップはじめ年間100件以上の制作実績があり、東京新宿に「ドラマチックルーム」「ドラマチックホール」の2つの店舗も構え、謎解きイベントを開催・運営しています。

【引用元】 https://huntersvillage.jp
https://takarush.co.jp/?utm_source=gbp&utm_medium=top&utm_campaign=gbp_corp_0530
https://www.yodaka.info

【グルメコラボ】魅力的な飲食をフックに集客

流行りのグルメを提供しているメーカーなどとコラボして、その場所に来れば食べることができるという体験を提供するのも有効な集客です。

ポイントになるのは「そこでしか味わえない」という特別感です。

また、「食フェス」も最近人気のイベントです。毎週のようにさまざまな会場や野外などで開催されています。ここでも人気なのはやはり日本各地の「うまい！」を集めた「ご当地グルメ」などです。

「限定」「厳選」「特別」はコラボ集客のツボです。

スイーツ×観覧車

弊社では2018年に、人気パティスリー「エスコヤマ」（兵庫県三田市）の小山進オーナーシェフによるショコラ味の極上スイーツが堪能できる観覧車イベント「ショコラに恋する観覧車」を開催しました。

小山シェフは、本場フランス・パリで開催されるチョコレートの祭典やAWARDで世界ナンバーワンに輝いている有名パティシエです。小山シェフは自身も一般企業や知育玩具メーカー、通販会社、ミュージシャンなどとのブランディングコラボを展開しています。

提供スイーツは、エスコヤマの代表的なスペシャリテの中から選ばれたチョコレートケーキ「奏（ＳＯＵ）」とショコラフレーバーのチーズケーキ「小山チーズ＋ショコラ」です。

本店でしか買えないケーキを、オオサカホイールに来れば「1周18分の間に食べることができる」という特別感を演出したキャンペーンを打って、スイーツ好きなお客様を引きこむことができました。

【引用元】 https://www.value-press.com/pressrelease/197078

箱モノ施設×グルメ・フードフェス

遊園地やショッピングモールといった箱モノ施設が特設のビアガーデンを設け、クラフトビールやグルメを提供する食の祭典イベントも多数行われています。

大型施設では、「クラフトビアガーデン ｉｎ 花やしき」（東京・花やしき）、「祭屋台とＢＢＱビアガーデン屋上祭宴」（大阪・京阪シティモール）、「オクトーバーフェスト２０２３」（東京・ららぽーと豊洲）などがあります。

また、全国各地で花盛りの肉フェス、ラーメンフェスタ、Ｂ級ご当地グルメイベント、韓国グルメフェスなどもスーパーコンテンツです。自店舗・施設でこうしたグルメフェスのコラボを開催するのも強力な集客手段になるでしょう。
「よみうりランド」（東京稲城）の「全国ご当地&肉グルメ祭」、「ひらかたパーク」（大阪枚方）の「韓国グルメフェス」などが開催されました。
【引用元】https://hanayashiki-event.com/info/1633
https://kyobashi.keizai.biz/headline/1924/
https://www.oktober-fest.jp
https://www.yomiuriland.com/sp/gourmet_matsuri/
https://www.atpress.ne.jp/news/300428

【お酒コラボ】酒好き消費者に向けての酒コンテンツパワー集客

お酒のパワーもコラボ集客には欠かせない武器です。メインのコンテンツにお酒という付加価値がつけば、酒好き消費者にはたまらないイベントになります。

最近は常に全国各地で、地酒やクラフトビール、ワインなどさまざまなお酒のフェスやイベントが開かれています。

しかし、単にお酒を提供するだけでは、酒好き消費者にとってもそれほど新鮮味はありません。非日常な空間やシチュエーションでお酒を飲むといった、クセの強い意外な組み合わせのコラボを企画するのも面白いのではないでしょうか。

こたつ×お酒

オオサカホイールの冬季限定開催の「天空のこたつ観覧車」の例をご紹介します。この企画では、創業一五〇五年剣菱酒造株式会社とのコラボレーションを展開しており、こたつの中で熱燗（黒松剣菱）を楽しめるという企画です。こたつ×熱燗という組合せにより日本の冬の風物詩を求める海外のお客様の集客に繋がっています。

※２０２４年2月末現在累計利用者１１０００人を超える人気企画となっています。

【引用元】https://www.kenbishi.co.jp
https://prtimes.jp/main/html/rd/p

満月イベント×お酒

かつて、「満月の日にウイスキーを飲もう」というサントリーの企画があり、東京六本木ヒルズで月に一度の満月の夜だけの「満月ウイスキーＢＡＲ」が開催されました。

人間も自然の一部であり、満月の夜には野性の本能が呼び覚まされて活動モード全開になるといわれます。そうした人間の体のリズムを活用したイベントを打つのも効果的ではないでしょうか。

中秋の名月を眺めながら飲む「月見酒」の風流には、なぜか心惹かれるものがあります。実際、満月に引っかけた酒コンテンツは最近も少なくありません。

よく、「満月の日はワインが美味しくなる」といわれます。

長野市では、満月の夜にだけ開かれる特別な社交場「満月酒り場」が開催されています。多目的スペース、ゲストハウス＆ワイン卸・販売会社オーナー、カフェ、パスタ＆ワインショップなど多様な業種が組んでいるコラボイベントです。

神奈川県中井町の「宮川酒店」でも、満月の夜にだけ近隣のカフェで開かれる「満月・宮酒ワインバー」というイベントを主催しています。地元の食堂も出店し、満月を愛でながら、酒と料理を楽しむそうです。

弊社ではかつて恋人の聖地サテライトとして「ストロベリームーン恋愛成就天空ペアチケット」を販売しました。1年に一度しか見られない特別な満月・ストロベリームーンをゴンドラから鑑賞するという企画です。

このときはお酒とは無関係のコンテンツでしたが、人々が楽しく集うことのできる空間を提供し、満月を見る、美味しいお酒を飲むといった特別感を演出することで、集まった人たちの関係性がより深まります。

そうした体験がクセになり、「また行きたい！」という気分になるのではないでしょうか？

【引用元】https://chan-nel.jp/archives/997
https://miyagawasaketen.com/%e3%82%a4%e3%83%99%e3%83%b3%e3%83%88
https://www.nino-satoyama.com/posts/42053449/

chapter 3

自社の弱み・強みを知り、日本一ポイントを決める

人的資産・立地的資産・躯体資産・技術資産・顧客資産から棚卸しする

コラボ集客の最初のステップは自社の現状把握です。

あなたの店舗・施設は現在どのような経営資産を持っているでしょうか？

一般に、現状を整理するための切り口として、経営資源をヒト、モノ、カネ、情報、時間の側面から考えることが多いと思います。

ここでは店舗や商業施設などの箱モノでコラボ戦略を立てるということを前提に、経営資源を「人的資産」「立地的資産」「躯体資産」「技術資産」「顧客資産」の5つの要素に分けて棚卸ししてみましょう。

人的資産

ヒト（人的資産）は経営資源のなかで最も大切なものです。他の資源と違い、ヒトは自ら自由に発想し、独自の行動を起こすことができます。

まず、自社が有する人材のキャラクターやキャリア、頭のなかにあるアイデアなどに着目します。そこに、面白そうな、今後飛躍しそうな発想が眠っていないかということにフォーカスを当てて見る。

それが人的資産の棚卸しです。

立地的資産

自社施設の立地が、交通アクセスなどから人が来そうな場所なのかそうではないのかを含めて、事業を行っている場所や位置の特性を分析します。

店舗や施設をこれからオープンする際は、立地調査や商圏分析、競合店調査などを行って立地戦略を立てますが、すでにある箱モノの場合は立地条件を変えることはできませんから、現在の立地的資産をどう生かしてコラボを企画するかを考えることになります。

躯体資産

躯体資産（モノ）は、自社が所有する土地や建物、設備などの物理的な資源です。

自社施設はどのような建物で、どのような価値、希少性などがあるのかを改めて確認しましょう。

ここで建物・設備ではなく「躯体」という言葉を使ったのは、弊社の資産が観覧車という特殊性のある構造物だからです。

自社のもつ躯体がどのような構造物なのかを棚卸しすることで、その特徴を差別化につなげていけるかどうかを検討します。構造物が特殊すぎるというマイナス要素がある場合でも、それをプラスに転じることができないかを考えてみましょう。

オオサカホイールは一般的な遊園地やテーマパークとは違って、躯体は〝ザ・観覧車〟です。

「日本一大きな観覧車」という躯体特性を最大限に活かすことを考えてきました。

技術資産

技術資産は経営資源のなかで「情報」に当たるものです。それぞれの事業者がどのような技術やノウハウを持っているかを棚卸しします。

飲食店であれば、優れた商品や技術を持っているのか、あるいはスペシャルな商品を仕入れることのできるルートがあるのかなど、事業者それぞれの特徴を多角的に棚卸しします。

弊社の技術資産を分析してみると、「日本一高く、最新型でハイスペックな観覧車」ということになります。

顧客資産

一般の企業などとは違って、箱モノの場合、そこに来ていただく顧客もひとつの資産だととらえる視点も大切だと思います。

顧客は外部の人的資産とも考えることができ、非常に重要な要素になります。

店舗や施設の入口などで来店客を観察して、年齢や性別、個人客・カップル・家族連れなのかといった顧客属性を把握することはすぐにでもできるでしょう。

弊社では顧客属性とともに、来場の動機、利用者のニーズなども情報として収集しています。

情報収集はまず観覧車に乗る前に入り口から始まります。家族連れならお子様は3歳以下か（無料）それ以上か（有料）、友人同士での来場であればどのような年齢層の友人同士なのか、インバウンドの利用者かどうかなどの属性を把握します。

利用後は出口調査としてアンケートを実施し、満足度など乗車体験を点数とコメントで評価していただいています。

日本一がないなら〝どこを日本一にするか？〟を選べ

箱モノなどにとって、〝日本一〟や〝日本初〟は最強のブランド価値であり、これまでにない集客を生む原動力になる可能性を秘めています。

「いやいや、うちには〝日本一〟と呼べるものなんかないし」

そう思っている読者の方もいらっしゃるのではないでしょうか。

「日本一」は作り出すことができるかもしれません。

「日本一＝唯一」という定義づけをして、

〈自社が現在持っている価値×◯◯〉

というように、別の◯◯という価値を掛け合わせるアプローチで、唯一無二のものを創り出せる可能性があります。

たとえば、あなたが飲食店（タイ料理店）を経営しているとします。何を日本一と謳えそうか考えてみましょう。

「日本一、辛いグリーンカレーが食べられるタイ料理店」

「日本一、メニューの多いタイ料理店」

「日本一、料理が早く出てくるタイ料理店」

「日本一、朝早くからやっているタイ料理店」

辛い、多い、早いなど、さまざまな形容詞をつけるだけでも、日本一を作ることができます。


こんな逆転の発想はどうでしょう？

「日本一、メニューの少ないタイ料理店」

メニューの少なさを逆手にとって優位性につなげることができるかもしれません。とくに、自慢の料理があれば有効な差別化になるでしょう。事実、「メニューは一品のみ！」と究極の一品で勝負する飲食店も少なくありません。

「日本一、出会いの多いタイ料理店」

料理とは全く関係のないところで、日本一を創造してみるというのも面白い発想です。

言い方は悪いですが、入り口は〝こじつけ〟でもいいのです。

自店舗・施設の特徴から逆算することで、〝日本一〟が生まれるきっかけを掴むことができるかもしれません。とはいえ、世に発表する前にしっかりとした裏付けを取ることも忘れないでください。

目をそらさずに〝弱み〟を3つ書き出してみる

私たち人間は、ポジティブなことよりもネガティブなことに意識が向きやすいという傾向があります。

「あなたの強みをアピールしてください」

そう言われて、自信をもって強みを明快に答えられるという人は少数派でしょう。

逆に、自分の欠点ならいくらでも思いあたります。

こうした人間の思考のクセのようなものをうまく使うことで、「弱み」を「強み」に反転させることができます。


では、具体的にどうすればいいのでしょうか?

まず、「うちの店（施設）には○○がない、○○が足りない。だから、お客さんが来ないんだ」というマイナスの要素を何でもいいので3つ書き出してみましょう。

これがスタートラインになります。

たとえば、「うちは立地が悪い」というのが弱みだと思っているとしましょう。

立地を良くするには場所を移動しなければなりません。大きな箱モノを運営している場合、それは無理な相談です。

そこで、〝立地が悪い〟というマイナス面をどうすればプラスに転じることができるかという思考の転換が必要になります。

では、これを当社の施設を例に考えてみます。オオサカホイールは、都心部の競合と比べてアプローチに時間がかかります。立地環境を変えようとしても、観覧車という大きな構造物はもう移動できません。

だから、遠方でもお客様に「行きたい！」と思ってもらえるような観覧車にするために、さまざまなコンテンツを仕掛けてきたのです。

そもそも、観覧車という乗り物自体にも弱みがあります。ご存知のとおり観覧車はその場でグルグル回っている乗り物です。一度見た景色が大きく変わることはありません。景色を作り変えることはもちろんできないわけです。

そこで、発想を転換し、景色は変わらないけれども、18分間を飽きさせないようにゴンドラ内のさまざまな空間演出によって、新しい観覧車体験を提供することで新たな乗車動機の創出や再度の乗車動機につなげるという選択をしました。

前述したエステー株式会社の「消臭力Ｐｒｅｍ・ｉｕｍ Ａｒｏｍａ」やハイブランドとのコラボ、またＶＩＰゴンドラでワインやシャンパンを楽しめるプランなどによって、リッチでラグジュアリーな18分間を過ごしてもらえるよう空間価値を高めることで、〝日本一の大観覧車〟以上の差別化要因を創出することに繋がってきました。

さらに、景色が変わらない弱みを最大限に逆手にとったのが、後述しますが、あえて外を見せずに楽しんでもらう「地獄のゾンビ観覧車」です。

マイナス要素を変えられないのであれば、何かを付け加える、あるいは変化させることによって唯一性を創り出せることがあります。

これが、「弱み」が「強み」に変わる〝思考方法〟です。

あえて「弱み起点」で「コラボ先」を考えると？

コラボを企画する際、あえて「弱み起点」でコラボ先を考えてみるとジャストフィットすることが少なくありません。

弊社の例で説明しましょう。

まず、観覧車の座席は硬くて座り心地が悪いというのが普通です。そこで、このマイナス面を補うためにクッションメーカーと組むという選択があります。

また、ゴンドラのなかは夏場エアコンが効いているものの、それでもかなり暑くなります。これも大きな弱点です。

そこで、いま遮熱塗料メーカーとのコラボを進めており、すでにテスト施行を終えました。こうした取り組みがメディアで紹介されることで、産業界での認知度も高めることができないかという期待もあります。

まさに、「ないものからの発想」「足りないから付け加える発想」でコラボするメーカーを考えるというアプローチです。

また、オオサカホイールはショッピングパーク「ららぽーとＥＸＰＯＣＩＴＹ」のなかにあるのですが、モールの顧客は昼間のファミリー層が中心になります。

そのため以前は、観覧車の顧客属性としてカップルがさほど多くはありませんでした。

そこで、夜の時間帯にカップルの集客を上げるため、観覧車の入り口から乗り場まで約10万球のＬＥＤを使ったイルミネーションを楽しめる「光の回廊」を作りました。

「観覧車しか売るものがない」という弱みをカバーするために始めたのが飲食店の営業です。営業許可を取って、オリジナルのフードやドリンクを用意することで客単価アップも狙いました。

コロナ前には、高さ１２３メートルの上空で「雲を食べる」というコンセプトで、「クラウドキャンディ」というオリジナルの綿菓子を特設ブースで販売していました。

立地の悪さという弱み起点で考えると、ツーリズムと組みやすいという強みに転じる可能性もあります。

大阪の繁華街ではなく郊外にあり、近くを高速道路が通っており、駐車場も広いため観光バスが駐車できます。

以前、関西のある観光バス会社とコラボして単独バスツアーを企画しました。先方の自社企画プランとして持ち込み、インセンティブを渡した上で実施してプラスアルファの大型集客につながりました。

集客したのはコラボ先のバス会社でした。旅行会社が企画して有名観光地を団体で回る「マス・ツーリズム」ではなく、個人の趣味や好みを絞り込んで、テーマに合わせた企画でツアーを組んでバス会社が集客をするという点が大きなポイントでした。

このように、コラボのアイデアは思わぬところからやってくることもあります。

頭の体操をするつもりで、「うちは何と組んだら面白いだろう？」とあれこれ考えてみてはいかがでしょうか。

chapter 4

奇跡の化学反応をつくる宝探し——

コンテンツトレジャーハンティング

観覧車×「?・」を1000本考えた

コラボのコンテンツを探す際には、まず実現可能性は横に置いておいて、「できる!」という前提で発想していきます。

観覧車と何を組み合わせるのか?

私の場合、この「?・」には「感覚」や「感性」を表すような「形容詞」を当てはめることが少なくありません。

たとえば、「観覧車×楽しい」といった漠然とした言葉で、ネット検索するだけでもいくつかのヒントが返ってきます。そこから具体的な仕掛けを考えていきます。

1000本というのはちょっと大袈裟ですが、入り口としてはアイデアの数をできるだけ増やすことが必要です。

最初は「質」を求めるよりも、「量産」することが大切です。

私の場合、たとえばお風呂などで突然ひらめくといったことはなくて、常にそのへんをウロウロ歩いているときにアイデアが生まれてくることがほとんどです。

アイデアの断片をたくさん集めるときは、デスクに向き合うのではなく、できるだけ歩き回って、いろいろな情報を目から入れながら脳を回転させることがオススメです。

1時間、机に向かっても何ひとつ思いつかなかったのに、歩きながら考えたら次々とアイデアが浮かんでくるということはよくあります。

Ａｐｐｌｅの創業者スティーブ・ジョブズは、歩きながら会議をすることで有名でした。これに共感したフェイスブック（現メタ）のマーク・ザッカーバーグなどもウォーキング・ミーティングを行うようになったそうです。

「歩くこと」が創造的なインスピレーションを高めることは科学的にもわかっていて、スタンフォード大学の研究者が、人の創造性は歩いているときに6割ほど増加することを実証したそうです。

「歩きながら考える」ことの効果は多くの人が実感していると思います。

次々と複数のアイデアが思い浮かんできますし、漠然とした考えを整理することにも役立ちます。

さらに、思いついたアイデアを発展させていく際に私が実践している方法がいくつかあります。

その一つの方法として、誰かセッションする相手を一人立てて、私の考えを否定させてアイデアを練っていくというやり方です。

相手にわざとマイナスの部分を指摘してもらって、それに反論していきながらアイデアを回していくのです。

自分の思いつきを客観視し、実現可能性を探っていくために有効ですし、否定されることに派生して新たな発想が生まれてくることもあります。

もちろん、アイデアを考えるための予習として、ネットサーフィンなどで過去のコラボ例を検索してみるのもよいでしょう。

また最近では、ＣｈａｔＧＰＴを用いてアイデア出しのヒントを得ることもあります。漠然と「人が美しいと思うものは何だろう?」「人が楽しいと思うものは何だろう?」「人が感動することは何だろう?」と質問したり、あるテーマを定めて指示してみて、ＡＩが生成してきた文章からアイデアの着想を得るのです。

最近は、使えるツールがいろいろありますし、「アイデア出しはこうする」といった常套手段があるわけでもありません。

自分に合った思考のコツを見つけていただければと思います。

【引用元】http://idea-soken.com/walking-improves-creativity
https://toyokeizai.net/articles/-/616516
https://news.stanford.edu/2014/04/24/walking-vs-sitting-042414/

ともあれ「自社事業」×Nで検索100本ノック

自社に合う外部コンテンツを発見する公式のひとつが、「自社事業×N」で検索していくという方法です。Nは変数です。

アイデアがある程度固まった段階で、具体的な「事業」や「コラボ先」、あるいは「世の中で流行っている現象」など組み合わせるものを何パターンも考えて、具体的な仕掛けを固めていきます。

「流行」ということで考えると、いま新しくメニュー開発をしている一例は、「韓国スイーツ×観覧車」です。

最近、韓国でブームになっているスイーツのひとつに「韓国ワッフル」があります。

「トゥンワッフル（ぽっちゃりしたワッフル）」と呼ばれ、日本にも上陸して東京都内などに食べられるお店が増えています。

韓国風ワッフルは、ベルギーやアメリカの普通のワッフルと形も違っていて、とにかくボリューミー。生クリームやフルーツ、アイスクリームなどがたっぷりと挟まれ、見た目にインパクトがあってSNS映えします。

そもそも、私がこの韓国風ワッフルを知ったきっかけは弊社の10代の女性アルバイトスタッフとの話からでした。

「最近、何が流行っているの？」「いまの趣味を教えてよ」などと情報収集したところ、「韓国のカフェとか雑貨屋さんが流行っていますよ」と教えてくれました。

そこから韓国というテーマが浮上してきて、スイーツを掛けわせてみたらどうだろうと。

そこで、若い世代をターゲットに、この韓国の映えスイーツをピックアップしてメニューを開発しようということになりました。

当時、韓国風ワッフルを販売しているお店は日本国内ではまだ多くはなく、身近にもありませんでした。導入タイミングとして気にしているのは、流行の兆しが見えているくらいがベストタイミングであるということです。そして、当たり前のことかもしれませんが、実現までのスピード感も大切にしたいところです。

また弊社の場合、「観覧車に乗車しながらワッフルを食べていただく」という仕掛けにつなげて初めて売りが立つわけです。つまり、コラボする商品は観覧車とのフィット感が大事です。ゴンドラ内で手軽に食べることができるワンハンドグルメという点でも、韓国風トゥンワッフルはぴったりでした。

このように、自社事業との組み合わせを考えるときは、全方位型でパワーコンテンツを探すことになります。

弊社のヒット企画のひとつに前述した「天空のこたつ観覧車」があります。

冬季限定の企画で、観覧車の中にこたつを持ち込み、おでん缶と日本酒の熱燗が楽しめるというコンテンツです。

発想のスタートは「冬の観覧車は寒いよね。ゴンドラのなかで何か温かくて日本らしいものはできないかな？」ということでした。

思いついたのは、ある冬の寒い日に鍋料理を食べているときでした。

「観覧車にこたつを載せちゃったら面白そうだよね」と話は盛り上がりました。日本特有の文化ですし、インバウンド向けにもウケるのではないかと。

そして、ただこたつで温まるだけではなく、他にそこで体験できるものがあればということで、おでん缶メーカーの「天狗缶詰株式会社」と「剣菱酒造株式会社」と紐づきました。こたつから、さらに連鎖的にそういうアイデアが出てきたわけです。

通常であれば、ありえない組み合わせですが、観覧車にフィットしたのです。

アイデアは面白かったものの実現に至らなかった例もあります。

弊社の事業は観覧車なので、基本的に外の景色をいかに印象的に見せるかという発想は外せません。

そこから考えた企画のひとつが、オオサカホイールの近くにある商業施設の壁にプロジェクションマッピングで映像を投影するというものだったのですが、周囲の影響やイニシャルコストの課題もあり実現しませんでした。

もちろん、企画の内容によって、コラボを想定した相手企業から断られたケースも数知れません。

そんな試行錯誤の連続でした。

あえてありえないものを組み合わせる

コラボを発想するコツのひとつは「意外性」です。

「これは絶対にありえないだろう！」という異色の組み合わせから、予想外の化学反応が起きて、最強のコラボが誕生することも少なくありません。

ありえないものの組み合わせは、まずその驚きニュースがクチコミで広がり、取材が殺到する可能性があります。

いくつか事例を紹介しましょう。

銭湯×リラクゼーションドリンク×航空会社

東京高円寺にある老舗銭湯「小杉湯」では、さまざまな企業やブランドとのコラボを展開してきました。コラボ先は食品・飲料メーカー、日用消費財メーカー、アパレル、雑貨、映画などきわめて多岐にわたります。1か月のうちにコラボの企画のない日はほとんどないほどです。

こうした異業種コラボによって、近年経営が難しい銭湯であるにもかかわらず、来客数は増え、若年層の獲得にも成功しています。

とくに「意外性」という点で注目したいのが、2023年夏に実施された小杉湯（および大阪・入船温泉）×リラクゼーションドリンクCHILL OUTを展開するEndian×航空会社Peachによる「チルする旅くじ」と題されたコラボです。

小杉湯の店前に、1回5000円のガチャのようなカプセル型自動販売機が設置され、行き先を選べない〝くじ引き〟の旅を楽しみ、カプセルの中には旅先でしか経験できない特別なミッションが書かれているという企画です。

日常の疲れを銭湯で癒し、風呂上がりにCHILL OUTでクールダウンし、その先に非日常のリラックスを体感できる旅が用意されているという仕掛けです。

この3つの組み合わせで、新たな顧客体験を提供するという狙いです。

なお、小杉湯は2024年春、若者の街・東京原宿にオープンする「東急プラザ原宿（通称ハラカド）」に2店舗目を出店する予定です。サウナブームの後押しで、いま銭湯ブームが盛り上がりつつあるようです。

【引用元】https://www.advertimes.com/20230818/article430861/
https://www.timeout.jp/tokyo/ja/news/kosugiyuharajuku-open-060123

『販促会議』２０２３年9月号（Ｎｏ３０５）、ｐ86
https://butfirstchillout.com/news/1759/

イタリア総領事館×観覧車

自社例です。イタリア総領事館からのオーダーで、観覧車のイルミネーションをイタリア国旗の色（緑・白・赤）で染め上げるという企画を実施しました。

イタリア観光のＰＲの場所として観覧車を使っていただきました。

さらに、イタリア総領事館とのつながりから発展し、２０２５年に夢洲で開催予定の大阪・関西万博のプレ万博として、各国領事館と組んで72基あるゴンドラをそれぞれの国のカラーで飾るという企画が生まれました。現在、実現性の検証が進行中です。

ミュージシャン×ＦＭラジオ局×レストラン

２０２３年、料理好きなミュージシャンと関西のラジオ局ＦＭ８０２が「音食キッチン」というレストランをプロデュースし、大阪に期間限定のフードダイニングを展開しました。

ミュージシャン考案のスペシャルメニューの提供やスペシャルイベント、ＦＭ８０２番組生中継なども実施されました。

第1弾の参加アーティストは、緑黄色社会やＤａｉＣＥ、マカロニえんぴつ、東京スカパラダイスオーケストラ、フジファブリックなどのバンドメンバーや、秦基博、尾崎裕哉、ハラミちゃんなど豪華ラインナップが顔を揃えました。

【引用元】https://funky802.com/kitchen/

アクアリウム×宇宙空間

２０２１年のコロナ禍、横浜みなとみらいエリアにある「横浜ワールドポーターズ」内に、日本初となる〝宇宙を旅するアクアリウム〟をコンセプトとした水族館「アクアリウム宇宙旅行『ＵＮＤＥＲ ＷＡＴＥＲ ＳＰＡＣＥ』」が期間限定でオープンしました。

第一線で活躍する数々のアーティストが手がけた異次元のエンターテインメント空間が立ち現れ、館内を水の惑星に見立てて、宇宙旅行をするイメージでフロアを回っていく仕掛けでした。

この幻想的な空間を手がけたアクアリウムアーティストのＧＡ☆ＫＹＯ ＭＩＹＡＺＡＷＡ氏によると、アイデアが生まれたのは、湿度の高さが新型コロナウイルスの感染対策につながるというニュースを見たときのこと。水をたくさん使うアクアリウムであれば、コロナ禍の状況でも誰かを笑顔にできるのでは、と考えたそうです。

【引用元】https://rurubu.jp/andmore/article/12993
https://under-water-space.com

激辛料理×伝統工芸品

２０２１年、佐賀県はパーティクリエイター「アフロマンス」率いるＡｆｒｏ＆Ｃｏ．とコラボし、期間限定で絶品激辛料理と佐賀の伝統工芸品を組み合わせた「辛サガアッツイ食堂２０２１」を開催しました。

一年で最も寒い大寒の時期に、伝統工芸品をモチーフにした激辛料理を提供するという異色のコラボイベントです。

メニュー開発は、激辛料理専門家・金成姫（キム・ソンヒ）氏が監修。佐賀県の食材を使いながら、ここでしか味わえないスペシャルメニューを提供しました。伝統工芸品の展示・販売や伝統工芸を体験できるワークショップも開催されました。

【引用元】https://prtimes.jp/main/html/rd/p/000000225.000018574.html
https://afroand.co/karasaga/

高級ホテル×カップラーメン

〈京王プラザが50年かけて
ついに見つけた最高の食材。
それは、カップヌードルでした。〉

２０２１年の夏、東京新宿にある高級ホテル・京王プラザホテルのＷｅｂサイトに、こんなヘッドラインが踊りました。

この年、京王プラザホテルは創業50周年を迎え、その記念企画として同じく発売50周年の日清カップヌードルとコラボイベントを行ったのです。

期間中は、日清カップヌードル８種類をアレンジしたメニューがホテル内のレストランやバーで提供されました。

なかには、「カップヌードルカレーと謎肉の焼き菓子」「チリトマトヌードルのハンバーガー仕立て」「カップヌードルしおのサンドイッチ」といったユニークなメニューも。

京王プラザというわゆる高級ホテルが、カップラーメンという一般的にはかけ離れたイメージのある食品とコラボした意外性が大きな話題になりました。

【引用元】 https://www.keioplaza.co.jp/event/cupnoodle_collab50/
https://dime.jp/genre/1193788/

「ＰＲ ＴＩＭＥＳ」のリリースを見ると発想にターボがかかる

あなたは「ＰＲ ＴＩＭＥＳ」というプレスリリース・ニュースリリース配信サービスをご存知ですか？

企業で販促やマーケティングなどにかかわっている方であれば、一度は聞いたことがあるのではないかと思います。

プレスリリースを専門に扱っている配信サービスで、こうしたサービス会社のなかでは国内シェアＮｏ．１上場企業の53％以上が同社のサービスを利用しているそうです。

いうまでもありませんが、プレスリリース（ニュースリリース）は企業がメディアに向けて公式に発表する情報やニュースです。ＰＲ ＴＩＭＥＳは自社サイトやＳＮＳ、メディアリストに対して企業から提供されたプレスリリースを日々配信しており、企業の集客や販促活動を後押しししています。

ＰＲ ＴＩＭＥＳが行っているサービスは簡単にいうと次のようなものです。

まず、企業から提供されたプレスリリース情報を自社サイトに掲載します。そして、マスメディアやＷｅｂメディアなど保有する1万1787媒体のメディアから厳選して、最大300媒体に配信できます。

プレスリリース件数は国内最多の月間3万3000件、提携メディア数（登録したプレスリリースを原文のまま掲載することが可能なメディア件数）は230媒体以上です。

最も大きな特徴は、自社サイトのＰＶ数（ページビュー数）が月間7500万ＰＶ超という点。ＰＶ数はユーザーがページを閲覧した回数です。膨大なアクセス数による圧倒的な露出力が最大のアドバンテージです。

このように、ＰＲ ＴＩＭＥＳは企業の集客・販促にとってきわめて有用です。

でも、実はそれ以前にＰＲ ＴＩＭＥＳの有効な活用方法があるので、ぜひオススメしたいと思います。

というのは、この自社サイトはコラボのためのアイデアの宝庫です。

サイトをざっと閲覧するだけで、最新の流行やさまざまな企業が売り出そうとしているものが文字情報として入ってくるので、コラボのアイデアの幅を広げやすいのです。

商品やサービスに関するコアな情報が掲載されているので、コラボ先を選ぶときのネタの源泉になります。

ＰＲ ＴＩＭＥＳのサイトに掲載されているコラボ関連リリースは1万件にも及びます。

プレスリリースはジャンル別に分けられています。総合、テクノロジー、モバイル、アプリ、エンタメ、ビューティー、ファッション、ライフスタイル、ビジネス、グルメ、スポーツとテーマが細分化されており、自社のコラボ選びに当てはまりそうなジャンルを選んで検索すれば、求める情報に効率的に辿り着けるでしょう。さらに、注目のキーワードや細かなカテゴリによる検索も可能。

このサイトのプレスリリース情報を見るだけでも、コラボ企画についての着想を得ることができます。

【引用元】 https://prtimes.jp
https://prtimes.jp/service/

週1回、賑わいに足を運べ――行列から目を離すな！

ネット検索はアイデア探しに有効ですが、一方ではリアルに街などを歩くことも発想を得るために大切です。

弊社が恵まれているのは、隣に「ららぽーとＥＸＰＯＣＩＴＹ」という大型商業施設があることです。そこには３００店舗以上もの流行のテナントが出店しています。

週１回どころか、私はそこへしばしば足を運んでいます。

目的は、とくに行列のできている店舗の人流を分析したり、どんな世代の人が何を求めて訪れているのかを観察することです。

ニュースなどで話題になっている場所へ実際に人が集まっているかどうかは、メディアやネットなど空中戦の情報だけではなく、リアルな動きを見て自分が体感しなければわかりません。

人流を観察・分析するときの指標は、一般的ですが、世代や年齢層、性別などの属性、曜日や時間帯による人流の違いなどです。

街などでベンチマークする際には、１時間ほど定点観測して、人数をカウントして属性を見ればだいたいのトレンドはわかります。

賑わいを探して定点観測する場所としては、①いまニュースで話題になっている場所②競合する店舗・施設③ターゲットが近い業種などを選ぶことになります。

こうして街をウォッチングして成功コラボの事例を見つけたら、それがなぜ成功しているのかを分析した上で、〝横スライド〟して自社のコラボネタに応用できないかどうかを考えます。

一人で考えず100人の脳ミソをレンタルしよう

一人の脳ミソには間違いなく限界があります。ですから、まわりの人の脳ミソも最大限に活用することが新しい発想へと至る近道です。

他人の脳ミソを借りる。これを最近、〝借脳〟と呼ぶこともあります。自分だけで答えが出なくても、100人のフレームワークを掛け合わせれば画期的なアイデアが生まれる可能性があります。

そのやり方のひとつがブレインストーミングです。会議形式ではなく、複数の参加者が自由にディスカッションを行い、思うままにアイデアを出していきます。

ブレストには4つのルールがあります。ブレストは、アメリカのマーケターであるアレックス・F・オズボーンが考案した手法。集団発想法ともいわれます。

そのルールは次の「オズボーンの4原則」です。

1　アイデアに対して批判・否定をしない
2　変わったアイデアを歓迎する

3　質より量を重要視する
4　アイデアを結合させてまとめる

社内アイデアを募り、みんなでブレストするのもいいでしょう。

その際、ありきたりなアイデアだったとしても否定しないこと。互いに褒め合って、面白がることが大切です。そこから発想が広がっていきます。


また、私が脳ミソの借り方で工夫しているのは、ブレストなどで参加者の「趣味・嗜好を聞く」ということです。

「いま何にハマってるの？」「最近、何を観てるの？」と気軽に聞いていくことで、「実は、こんな面白いことがあって」という反応が返ってくる。

そういった個人的な話がどんどん広がっていき、思わぬアイデアに発展することも少なくありません。

「ブレストをしよう」とか「何か面白いアイデアない？」といわれるとハードルが上がって、自由な発想を妨げてしまいがちです。

趣味・嗜好の話からテーマを絞って聞いていくことで、いろいろなネタが出てきます。

以前ブレストで弊社のあるスタッフに趣味を聞いたところ、「知恵の輪が好き」ということで、いろいろな国の知恵の輪を集めているというマニアックな話になりました。

この話から派生して実現したのが「日本一の観覧車からの挑戦状！　チャレンジ18分」という企画でした。観覧車を18分間のタイマーにして、知恵の輪の進化形である立体パズル「はずる」をはずすことができたらクリアとなるイベントです。

コラボ先は、知恵の輪を玩具として作っている「(株)ハナヤマ」という老舗の国内玩具メーカーでした。「はずる」の商品プロモーションも兼ね、メーカーの協賛で解けたら「はずる」をプレゼントするとともに、観覧車の乗車料金もキャッシュバックすることにしました。

このイベントは、1か月半で延べ約2万6000人が挑戦した人気企画になりました。

ちなみに、「ららぽーとＥＸＰＯＣＩＴＹ」に入っているテナントでも「はずる」を物販商品として扱っており、期間中の売上も好調な結果となりました。

【引用元】https://www.utokyo-ipc.co.jp/column/brainstorming/

収益のあがるコラボ集客の松竹梅――3つの鉄則プラン

コラボ集客は、主に収益性の面から大きく3つのプランに切り分けて考えています。あくまでも私自身の解釈ですが、これを便宜的に松・竹・梅として考えてみましょう。

1　松プラン

コラボ企画による収益性が最も高いパターンで、クライアントのプロモーション効果が最大になる組み方です。自社の集客効果よりも、コラボ先のプロモーション効果を優先した結果として、自社の収益は通常の売上よりも広告収入などが最大化します。

わかりやすい例は一流ブランドとの大型コラボでしょう。

2　竹プラン

クライアントと自社のプロモーション効果がウィンウィンになるパターンです。

コラボ先のプロモーション効果を高めるとともに、自社の集客も上がるという形のコラボです。

自社例でいうと、占い師さんやスイーツのメーカーとのコラボなど、多くがこのプランに当てはまります。

3　梅プラン

一般的なコラボです。自社の付加価値を高めて集客効果をアップさせることを目指します。

ゲームやアニメのキャラクターやアーティストなどとのＩＰコラボなどもこれに当たるでしょう。ライセンス料やギャランティなどのイニシャルコストを払ってＩＰにアンバサダーとなってもらって集客を図り、入場料や飲食売上などで収益を獲得することになります。

最も組みやすいコラボは②の竹プランです。互いのプロモーション効果も収益もウィンウィンの関係になるからです。

コストを互いに負担し合ったり、実売上に対して収益配分をするという場合も少なくありません。そういう意味では、最も柔軟性のあるプランであり、取り組みやすいコラボの形だと思います。

動かしやすい竹プランのコラボ件数を増やして実績をつくることで、世の中への認知も広まり、広告収入が期待できる一流ブランドなどとのコラボにつながっていく場合もあります。

さらに、実績が評価されて松プランのコラボが多数実現すれば、自社の集客にフォーカスした梅プランに注力することも可能になります。

一流ブランドとのコラボが場所の価値を高める

店舗・商業施設など箱モノを展開する企業にとって、一流ブランドとコラボすることは、それ自体が施設価値を大きく高めることにつながります。

コラボ先が一流であることによって、そのブランドイメージを通じて世の中に自社の認知が広まる効果が期待できるからです。

単純に自社で広告を出して集客をし、認知を広げるという効果以上の価値向上が望めます。ここがまさに企業コラボの大きなメリットです。

一流ブランドから声がかかるきっかけとなるのは、自社で「何ができるのか？」を知っていただくことです。前述した竹プランの多数のコラボが動いているからこそ、クライアントは自社と組むことで付加価値を創造できると判断するのだと思います。

一流ブランドとのコラボの実績は、さらに新たなコラボの呼び水になります。また、その実績を背景に、他のブランドにも自信を持ってコラボを提案することができます。

オオサカホイールを運営する弊社の名称は「ＥＸＰＯ観覧車合同会社」です。この会社名が世の中に広く認知されているわけではありません。ですから、一流ブランドとのコラボ実績をアピールすることで企業価値も高めることができ、コラボを提案する際のクライアント側の安心感につながります。

企業ジャックによるコラボは確実な収入が見込める

「企業ジャック」というのは、自社施設を広告媒体としてコラボ先の企業が1社独占で使うジャック広告を指します。こうしたコラボは確実な収益を見込めます。

箱モノ施設を広告媒体として利用してもらうことで、集客が高まる上に、コラボ先からの広告収入などを期待することができます。

企業ジャックによるコラボは、まず自社がイニシャルコストを払う必要がありません。それが前提条件として付いてきます。

新しいコンテンツを仕掛けようとすれば必ずお金がかかります。しかし、企業ジャックはお金をかけずにコラボが進んでいくので収益性は高くなります。

コラボ先には、企業として提供したいブランド価値があります。それを私たちがお預かりして販売できるという権利を自ずと手にすることができます。

また、相手企業のブランド体験をしたいという顧客が増えることになりますから、自社の利用客数が増えて売上も上がるという効果があります。

弊社の場合、収益の内訳は観覧車の乗車料金、飲食やグッズの売上ということになります。

さらに、相手企業には広告媒体のステージとして観覧車エリアをすべて貸し出すことになりますから、その施設使用料（ハコ代）も発生します。

企業コラボにおける自社のメリットを考えれば、本来、こうした確実な収益が得られる企業ジャックを目指したいところです。

一方で、コラボ先のメリットを十分に考慮しなければコラボは絶対に成功しません。オオサカホイールは「日本一」という看板を背負っています。コラボ先の企業はその看板をそのまま使える権利を得ることができます。この点が大きな魅力であり価値になると思います。

事実、これまでのコラボ先の企業はその部分を求めて提携していただいてきました。だからこそ、広告主にあたるクライアントからはきちんと広告費をいただけるという関係性が成り立つわけです。

箱モノで企業ジャックを目指す場合、コラボ先にメリットをきちんと示せるかどうかが鍵になるでしょう。

また、自施設を広告媒体として使っていただく際には、なるべく制限をつけずに、「相手のリクエストに最大限応えて、やりたいことを自由にできるように全面開放する」という姿勢も大事です。そういう施設を目指してほしいと思います。

「コラボ先の企業側が魅力を感じるのはどういう箱モノ施設か？」という視点で考えてみます。

「クライアント側が世界観を伝えるための躯体・設備をゼロイチで立ち上げる必要がない」「ハコの使い勝手がよい」「施設をオペレートするスタッフが付いている」といったことが挙げられるでしょう。

広告代理店に場所をメディアとして売ってもらうコツ

企業ジャックによるコラボを実現させるには、クライアントに対して自社の箱モノをメディアとして売り込まなければなりません。

ちなみに、広告でいう「メディア」とは、キャンペーンなどを展開するチャンネルや場所といった広告媒体のことを指します。ここでは、コラボイベントを実施する場所（店舗・施設）のことです。

まずは、広告代理店にコラボ企画を持ち込むところからスタートします。

広告代理店との付き合いに慣れていない方も少なくないと思いますが、ＢｔｏＢマーケティングに強く、さまざまなクライアントとペーシング（歩調合わせ）ができている広告代理店を活用することはとても重要です。

では、ここからは広告代理店に自社箱モノをメディアとして売ってもらう場合の流れを簡単に説明しましょう。

1　セールスシートを作成する

最初のアプローチは、自社メディアのセールスシート（メディアシート）を作成することから始まります。

商業施設など箱モノの場合、顧客の属性などについての情報が必要です。

セールスシートには最低でも次の項目を記載しましょう。

・施設の収容人数
・集客数（年間集客数、時間帯ごとの集客数、平日・週末の集客数）
・顧客の属性（年齢・性別、同伴者＝家族、カップル、友人など）

広告代理店がクライアントにコラボ企画を持ち込むために最も知りたいのは、「その施設に行くと、どういった人とどのくらいの接点のボリュームがあるのか？」ということです。

もうひとつ付け加えると、セールスシートには広告予算についても記載しておきます。このときのポイントとして、「ネット」ではなく「グロス」の金額を表示するようにしましょう。「ネット」というのは、実際に広告費として使う金額です。「グロス」とは、広告を出稿するときにトータルでかかる費用のことです。これは、ネットの金額にマージン（手数料）を加えたものです。

なぜ、グロスの金額を表示した方がいいかというと、広告代理店によってマージンが違うからです。

たとえば、広告代理店A社のマージンは20%、B社は10%だとしましょう。別々の広告代理店が同一のクライアントに提案した際に、広告費用にズレがあると「どうしてA社からの提案は高いのか？」と疑問を持たれて売りにくいということにもつながるからです。

2　広告代理店のメディアチームに持ち込む

セールスシートを作成したら、まず広告代理店のメディアチーム（広告媒体を探して購入することを担当する部署）に持ち込みます。その際、クライアントの具体的な選定は広告代理店に任せた方が話はスムーズに進むと思います。

メディアチームは社内のセールスチームに情報を拡散し、営業担当はクライアントに売り込みを図ります。

3　クライアントとの調整

このあと候補として想定されるクライアントからコラボ企画内容などについて質問が来ることもあります。問い合わせにはなるべく早く（少なくとも翌日には）回答するのがマナーです。

クライアントと期間などについて調整した上でコラボ企画が可能ということになれば、仮押さえの期限を経て、広告代理店はクライアントに提案を行ってＯＫが出れば企画成立となります。

4　企画書の提出・共有～フィジビリティの確認

企画書をクライアントとの間で共有します。企業ジャックのような大型案件の場合は、できることとできないことを詰め、広告代理店経由でクライアントにフィードバックします。

クライアントは、自分たちのやりたいブランディングやプロモーションが「本当にこの施設でできるのか」というフィジビリティ（実現可能性）を明確にします。

この段階で見積もりを取り、体制やスケジュールも検討し、ＧＯサインが出れば3社での合同ミーティングが始まるという流れです。

企画持ち込みからここまでのリードタイムは、ケースバイケースですが、最低でも6か月ほどを見込んでおいた方がよいでしょう。

ここでひとつ疑問に思うことがあるかもしれません。

コラボ案件について広告代理店にアプローチする場合、「複数の会社に同時に話を持っていってもいいのか？」ということです。

答えとしては、基本的にまずは1社に絞るべきでしょう。

何社かに並行して声をかけるのはそもそも難しいと考えられます。

多くの広告代理店にはメディアチームとセールスチームがあり、セールスシートはまずメディアチームに持ち込み、その情報を営業担当者に回すことになります。すると、営業チームは「この業種はこのクライアントに」という優先順位をつけます。その場合、1社1社丁寧にアプローチしていかなければなりません。

複数の広告代理店に依頼し、それぞれが同じ業界の別クライアントに営業をかけることは信用問題につながります。

ですから、〝作法〟として広告代理店はまず1社にお願いし、動きがなければ「○○社にも声をかけます」と断りを入れてから、他の広告代理店にアプローチするのがよいでしょう。

弊社の場合、大小かかわらず広告代理店にまず「パートナーシップを結びませんか」と声かけをします。その後は1業種1社の原則にしたがって、パートナーを選びます。

経験則として、広告代理店とは広く浅く付き合うよりも、望ましいクライアントを紹介してくれたという実績のある1社と深く付き合った方が、継続的に良い関係を築いていくことができるでしょう。

chapter 5

メディア取材が
向こうからやってくる!

ニュースに
なる発想練習

メディアが飛びつくイベント、スルーされるイベント

どんなに魅力的なコラボイベントを企画したとしても、それがニュースにならなければ集客にはつながりません。

そこで意識しなければならないのは、やっぱり「メディアの力」です。

コラボ企画がメディアに乗り、さらにSNSなどで情報が拡散されることは集客アップのための最低条件です。

ここで大事なポイントは、ニュースになるイベントは、こちらから必死で宣伝しなくても、メディア取材が向こうからやってくるということです。

「いま話題になっているものは何だろうか?」

メディアは常に目を凝らしてネタを探しています。これはメディアの習性です。

では、向こうから飛びついてくれるイベントとはどのようなものなのでしょう?

それは「ニュース性」のあるものです。

ニュース性というのは、「それは世の中に知らせる価値のある情報かどうか?」というこ

とです。

なかでも、ニュース性のある鉄板ネタといえば、「季節性」「時事性（社会性）」「希少性」「話題性（トレンド性）」のあるものではないでしょうか。

まず、「季節性」に関して、これまでオオサカホイールで行ったイベントの一例を紹介しましょう。

季節のイベントに時事性が加わったことで、とくに話題を呼んだコラボ企画がありました。それは、２０１９年2月、平成最後の節分を盛り上げる取り組みとして、お客様に恵方巻をプレゼントして観覧車のなかで召し上がっていただくというイベント「節分観覧車」です。

そのときにコラボした相手は「セブンイレブン・モノウェル万博記念公園店」でした。

セブンイレブンでも節分には恵方巻のキャンペーンを行いますが、当時話題になっていたのが食品廃棄ロスでした。

恵方巻は節分後に大量廃棄されてしまいます。しかし、消費することを前提にお客様にプレゼントするので廃棄ロスは起こりません。もちろん、セブンイレブンにとっては恵方巻のプロモーションにもつながります。

このイベントは、「季節性」に加えて、食品廃棄の削減はＳＤＧｓ（持続可能な開発目標）

にもなっているという「時事性」もあったため、テレビ、新聞、雑誌、ネットなど多くのメディアに取り上げられたのです。

恵方巻は1日1000本用意し、観覧車の乗車チケットを買っていただいた方に先着で配りましたが、2日間で約2000人以上のお客様に来場いただきました。

ほかに季節のイベントとしては、3月の「ひな祭り」にからめた企画も好評でした。

ひな祭り時期の企画ではありましたが、女性を対象として年齢は限定せずに「美容」にからめたイベントとしました。

コラボ先は水素水メーカーです。女性にいつまでも美しく健やかにいてほしいとの願いを込めて、水素水のサンプルを配りました。

5月は「母の日」があります。

コラボ企画ではありませんが、令和最初の母の日に「お母さん、大好き！『母の日』キャンペーン」を開催しました。

チケットカウンターでご家族が「お母さん、大好き！」と叫ぶと、母の日プレゼントとして同乗するお母さんの乗車料金が無料になるというイベントです。このイベントもメディアに取り上げられました。

夏に行ったイベントとしては、前述した観覧車をビアガーデンにしたビールメーカーとコラボ開催した「アメリカンビアホイールフェス」があります。

これは観覧車発祥の地であるアメリカ・シカゴの料理やアメリカンビールを楽しむ催しで、大阪・シカゴ姉妹都市提携45周年記念イベントとして行われました。これも時事性が加わったこともあってメディアに注目されました。

最後に、「希少性」ということでは、日本で3年ぶりに皆既月食が見られた2018年1月31日の夜に、弊社が開催した「皆既月食観覧車」も話題になりました。

何年かに1回しかないというレアな現象と掛け合わせたイベントもメディアに取り上げられる格好のネタになります。

「話題性（トレンド性）」では、まずSNSでバズっているコンテンツにメディアは注目します。その時期に話題になっている人気のコンテンツやIPと組んだ企画も、メディアが飛びつきやすいイベントのひとつでしょう。

反対に、メディアにスルーされるコラボイベントというのは、ここまで述べてきた「ニュース性」のないものということになります。

とくに、新規性のないコラボ、唯一感のないもの、流行に乗っただけでコラボする必然性のないもの、認知はあるが人気のないＩＰとのコラボなども、メディアには注目されないでしょう。

【引用元】https://www.value-press.com/pressrelease/196139
https://prtimes.jp/main/html/rd/p/000000009.000030897.html
https://prtimes.jp/main/html/rd/p/000000016.000030897.html#:~:text=大阪万博跡地のEXPOCITY,キャンペーンを実施します%E3%80%82
https://prtimes.jp/main/html/rd/p/000000016.000029960.html

取材獲得は「タイトル・サブタイトル」が9割

記事になりやすいニュースリリースは、「タイトル＋サブタイトル」にかかっています。

「ＰＲ ＴＩＭＥＳ」をはじめとするニュースリリース（プレスリリース）配信サービスを提供するＰＲ会社には、さまざまな企業・団体から毎日膨大なニュースリリースが送られてきます。

ですから、まずは数あるニュースリリースから自社の情報を選んでもらわなければなりません。

ニュースリリースの基本的な構成は、①タイトル＋サブタイトル、②リード文、③画像、④本文、⑤連絡先、です。

ここで、どれだけ配信サービス側の興味を惹きつけられるかが勝負です。

取材獲得は「タイトル・サブタイトル」が9割です！

とくに重要なのが「タイトル」。ニュースリリースが記者に読まれるかどうかは「タイトルで決まる」といっても過言ではありません。

しかも、タイトルを見て、人が興味を持つかどうかを判断する時間はたった0・5秒程度でしょう。そのくらいシビアです。

逆に、この一瞬で関心を促すことができれば、ニュースリリースの最後まで目を通してもらいやすくなります。

タイトルとサブタイトルはセットで読まれます。ですから、同じ内容を繰り返して盛り込む必要はありません。タイトル＋サブタイトルで伝えたい情報がほぼ伝われば理想的です。

では、タイトルとサブタイトルにはどんな情報を盛り込めばよいのでしょうか？

タイトル

タイトルに盛り込む内容は次の５Ｗ２Ｈから、肝になるポイントを絞り込みます。

・Ｗｈｅｎ（いつ）
・Ｗｈｅｒｅ（どこで）
・Ｗｈｏ（だれが）
・Ｗｈａｔ（なにを）
・Ｗｈｙ（なぜ）
・Ｈｏｗ（どのように）
・Ｈｏｗ Ｍｕｃｈ（いくらで）

このなかで最も伝えたいことやニュースバリューの高い要素を見極めて、そのリリースのポイントを絞り込んだ目を引く言葉を選びます。

大事なキーワードはなるべく前の方に書くようにします。

重視したいのは「インパクト」です。

タイトルの文字数はできれば30文字程度におさめるのが望ましいでしょう。

というのは、Ｇｏｏｇｌｅなどの検索結果に表示されるタイトルの文字数は、パソコンでもスマホでも30文字前後だからです。文字数が多すぎるとタイトルの表示が途中で切れてしまいます。

サブタイトル

サブタイトルはタイトルの補完という位置づけです。必須項目ではありませんが、タイトルに含められなかった内容を補足的に盛り込みます。

サブタイトルは、インパクトよりも伝わりやすさ重視。プレスリリースの全容を端的に理解できる情報を盛り込みます。

ちなみに、「ＰＲ ＴＩＭＥＳ」ではタイトル、サブタイトルとも最大１００文字の文字数制限があります。

タイトルとサブタイトルをつくるときに、とくに大切なのは「メディアフック（情報の価値を伝える大事なキーワード）」を盛り込むことです。

多くのニュースリリースのなかで埋もれない、読みたくなるようなタイトルにするには、感情を揺さぶるようなメディアフックが必要です。たとえば、「日本一」「世界初」「期間限定」

といった唯一感が伝わる言葉を効果的に使ってはいかがでしょうか。ただし、誇張表現にならないように、ファクトにもとづく表現にとどめることが大切です。

また、オオサカホイールの場合、イベント名に「天空の〜」というワードを頻用し、日本一高い観覧車という唯一感をイメージさせるようにしています。

「タイトル＋サブタイトル」を作成する際に、自社の伝えたい内容を一方的に伝えたのでは注目されません。また、あれもこれもと情報を詰めこみすぎるのも逆効果です。

「その内容が掲載するに値するか」「世の中の人が関心を持つポイントがあるかどうか」、つまり「ニュースバリュー」があるかどうかというその一点で判断されます。

参考までに「ＰＲ ＴＩＭＥＳ」では、ニュースバリューの要素として次のようなものを挙げています。

1　時事性――世の中のトレンド、時流、世相、季節と関連しているか
2　新規性――まだ一般に知られていない新しい情報か
3　独自性――他にない独自の取り組みか
4　社会性――社会問題や注目テーマと関連があるか、社会や公共に役立つか

5　意外性――逆説、矛盾、ギャップなどあっと驚く要素はあるか
6　影響性――多くの人が名前を知っていたり、関心を持つテーマがあるか
7　人間性――感情を動かすような人間味やストーリーがあるか
8　地域性――地域の人が愛着を感じ、盛り上がるような要素があるか

これは必ずしもニュースリリースに限らず、コラボを企画する際にも肝になるポイントだと思います。

「ＰＲ ＴＩＭＥＳ」のサイトに掲載されているコラボ関連のニュースリリースを閲覧して、タイトルとサブタイトルのつけ方のコツをぜひマスターしてください。

【引用元】https://prtimes.jp/magazine/title-points/
https://prtimes.jp/magazine/media-hook/

「ニュース視点」で「企画」をアレンジせよ

世の中には、大人も子どもも夢中になり、「社会現象」になるようなブームが存在します。

・ユリ・ゲラー、超能力ブーム（1974年）
・ビックリマンシールブーム（1987年）
・たまごっちブーム（1996年）
・プリクラブーム（1997年）
・韓流ブーム（2004年）
・ゆるキャラブーム（2008年）
・ポケモンGOブーム（2016年）
・鬼滅の刃ブーム（2020年）

このような「世の中の大きな波」に乗った企画は大集客の見込みがあり、非常におすすめです。

オオサカホイールでは「天空のセルフ写真館」という企画がヒットしました。

ゴンドラの中を6テーマの「非日常空間」に装飾し、配置された一眼レフカメラで友人、家族、恋人などと「セルフで写真」を撮っていただく企画です。

この企画は「映えブーム」と韓国発「セルフ写真館ブーム」にあやかりました。

セルフ写真館というのは、あらかじめカメラや照明などがセッティングされたスタジオ空間が用意されており、カメラマンではなく自分で撮影するという韓国発祥のフォトスタジオです。日本でも2020年頃から増えてきています。

撮影中、スタジオ内にいるのは自分たちだけで、完全なプライベート空間になっており、自由にリラックスしてシャッターを切ることができます。

「これを観覧車に紐付けたら面白いかも！」

そんな直感から実現した企画です。

実はオオサカホイールの場合、この「天空のセルフ写真館」はコラボではなく「自社のみ」で行った企画でした。

そのため、この企画を実行するにあたり、どんな機材を使うべきか、どんなものが世の中に求められているか、などの情報収集に思ったより時間がかかってしまった半面、社内発案者のスタッフの思いが色濃く反映された企画となりました。

この企画は、とくにご家族で参加された方々から大好評でした。

普通の写真館に行っても、お子さんがなかなか笑顔になってくれないのだそうです。

観覧車というワクワクしている環境で、自然と笑顔になってくれて、いい表情の写真がたくさん撮れたとのことです。※2023年7月から大手メーカーとのコラボレーション企画にバージョンアップしています。

コラボ集客における必須要素は「1000キロ先から来たいと思うスイッチ」を入れて、告知からイベント参加終了までの間「お客さんのテンションを上げ続けること」です。

360度から五感を刺激し「生きている喜び」を感じさせる「箱ものイベント」はどんな栄養ドリンクよりも人々に活力を与えます。

東京ドームでライブを行う人気ミュージシャンになったつもりで、元々あるビッグウェーブをさらに「止まらないメガウェーブ」にするコラボイベントを開催しましょう。

反響のあるニュースリリースのつくり方

ニュースリリースのつくり方は、もはやパターン化していますし、ネット上には多くのテンプレートなども紹介されています。

しかも、ニュースリリースは日々量産されて配信されています。すでに情報過多で、見る側は食傷気味になっています。

単にパターンを踏襲したものではなかなか反響のある結果に至らないことを弊社も経験してきました。

ニュースリリースの最大の目的は、「メディア関係者に自社の企画・イベント情報を届けて興味を持ってもらい、記事や番組などを通して世の中に広く発信してもらうこと」です。

そこで、埋もれない、読んでもらえるリリースをつくるには、最低限の作法は押さえながら、そこに〝自分流〟のアレンジを加えることが大切になってくると思います。

あくまでも１つのケース紹介ではありますが、以下に「ＰＲ ＴＩＭＥＳ」のサイトに掲載された弊社の「天空のこたつ観覧車」についてのニュースリリースを紹介します。

https://prtimes.jp/main/html/rd/p/000000039.000030897.html

まず、パッと見てお気づきかと思いますが、一般的なニュースリリースとは全体の雰囲気がかなり違うと思います。普段は書かないようなパターンにしようと考えました。

元新聞記者のお力添えをいただきながら、メディアが飛びつきたくなるような話題性を狙ったニュースリリースにしました。

タイトル部分は簡潔にし、かつ印象に残るような表現を選びました。リードのすぐ下でビ

寒い冬はこたつ×おでん×熱燗に限る！日本初の至高のチル空間！高さ123㍍「天空のこたつ観覧車」はじめます

2022年12月10日（土）から23年2月末まで「冬季限定開催」

タイトルは短めに。かつパッと見て刺さるような表現を意識しました。

EXPO観覧車合同会社

2022年12月2日 15時00分

“高さ日本一、観覧車の常識を変える観覧車”がコンセプトの「オオサカホイール」（大阪府吹田市・EXPOCITY）では、冬限定のイベント企画として「こたつ観覧車」を、12月10日（土）から開催します。

最初の部分でビジュアルを前面に出しています。

▲天空のこたつ観覧車イメージビジュアル

▲写真は実際のおでん缶の皿盛りイメージです。

ジュアルを強調し、顧客体験がひと目で伝わるようにしました。

いちばん工夫したのは、本文の部分を文章ではなく、あえて箇条書きにしたことです。メディアの担当者は忙しく、多くのリリースが日々届けられるわけですから、長い文章はあまり読まれません。そこで、短い箇条書きを重ねていくような形にしました。

しかも、箇条書きではありながら、定型文ではなく、自分の思いもこめながら、口語調のくだけた表現にしてみました。読みやすく、しかも面白味が感じられる言葉を選んでいます。

開催概要では、どういう経緯でこの企画が立ち上がったのかというストーリーも紹介しています。

▲天空のこたつ観覧車イメージビジュアル

▲写真は実際のおでん缶の皿盛りイメージです。

企画概要

- **観覧車×こたつ×おでん×熱燗という夢の（？）コラボレーションが実現！**
- **おでん缶はイートインorテイクアウト選べます（１人１個！）。**
  熱燗は、吹田市産のお米を使用した木下名酒店さんの地酒をご提供！※熱燗など飲み物は別料金です。
- **TiktokやInstagramで話題の「地獄のゾンビ観覧車」「セルフ写真館観覧車」を企画した日本一の大観覧車「オオサカホイール」が手掛ける冬季限定のスペシャル企画！**

開催概要

- オオサカホイールは全高123㍍が日本一であるだけでなく、室内の広さ（奥行き1.8㍍×高さ2.2㍍・６人乗り）も日本最大級。１周の所要時間も約18分とたっぷりです。
- そのたっぷりの時間を**いかに快適に過ごしていただくか？**と考えた時に、冬に快適といえばこたつ、**「そうだ、こたつを入れちゃおう！」**という、ある意味思いつきでスタートしました。
- その後も、**「冬といえばおでんだろう」**という理由でおでんの提供を決定、「どうせなら熱燗飲みたいよね」と売店メニューに加えるなど**思いつきを重ねた**結果、**驚くほど居心地のいい観覧車空間**が出来上がりました。
- こたつはもちろん**通電しますのでポカポカ。**寒い冬、大阪の上空123㍍で、ほっこりしてみませんか？

体験乗について：2022年12月10日（土）～随時受入させて頂きます。ぜひご取材下さい！

期間　：　2022年12月10日（土）～2023年2月28日(火)※予定
料金　：　**１周プラン（18分）おでん缶付き1,500円/名**
　　　　　２周プラン（36分）おでん缶付き2,200円/名　**2周がお得！**
　　　　　（通常1周乗車料金1,000円＋500円/人）※熱燗など飲み物は別料金

特別仕様ゴンドラ：全10台稼働／全72台　（1ゴンドラ最大6名まで乗車可
オオサカホイールHP：https://osaka-wheel.com/

おでん缶提供
天狗缶詰株式会社

通常は本文が入る箇所ですが、あえて文章ではなく、箇条書きでポイントを伝えることにしました。

＜「天空のこたつ観覧車」概要＞

＜「天空のこたつ観覧車」概要＞

きっかけ＆苦労話＆こだわり（企画者・談）

・「実はコロナ禍になる前に発案していたんです。今年こそはという思いで実施することにしました。
・おでんは私の故郷、名古屋の天狗缶詰さんの「おでん缶」を使用。いきなり持ちかけた話にも関わらず「面白そう！」と快諾下さいました。お酒は、観覧車の立地する大阪府吹田市にある木下名酒店さんの日本酒（吹田のゾウ）をご提供予定です。
・苦労したのはこたつですね。普通のこたつだと足が低すぎて、観覧車の椅子に座った時に届かないんです。そこで、市販のテーブルとこたつユニットを買ってきて自社で製作しました。
「ぜひ大阪の冬の風物詩として定着して欲しいと思っています。」

事業部長三輪武志

通常はまずないことですが、企画者である私自身のコメントを掲載しました。

体験の流れ

1. **Web/店頭にて企画専用チケット購入（お飲み物は売店で）**
2. **おでん缶（１人１缶。お土産ご希望の方は常温缶をお渡しします）を受け取り、こたつ観覧車ゴンドラへ乗車**
3. **１周18分間のほっこり感と、おでんの味、そして冬の大阪の絶景をお楽しみ下さい！（夜には大阪の夜景が一望できます。）**

POINT

POINT 01
こたつとおでんの最強コラボで**ほっこり**

POINT 02
アルコール※と夜景の相乗効果で**うっとり**

※熱燗以外にも多数のアルコールやソフトドリングをご用意しています。詳しくはお尋ね下さい。
※ドリンクは乗車料金に含まれておりません。

体験の流れなどもポイントのみを簡潔に説明しています。

■『OSAKA WHEEL（オオサカホイール）』とは

開業から７年目（開業2016年7月1日）となるオオサカホイールは高さ日本一の大観覧車。世界でも屈指の高さを誇る観覧車として、「EXPOCITY」全体のランドマークとして誕生しました。
全ゴンドラが床面シースルーで、まるで空中に浮かんでいるかのような雰囲気の中で、空からの抜群の眺望を楽しむことができ、
全ゴンドラが冷暖房を完備、衛生対策も徹底した最先端の観覧車です。
＜施設概要＞
名 称：OSAKA WHEEL
住 所：大阪府吹田市千里万博公園２-１ EXPOCITY内 オオサカホイール

■『OSAKA WHEEL（オオサカホイール）』とは
開業から７年目（開業2016年7月1日）となるオオサカホイールは高さ日本一の大観覧車。世界でも屈指の高さを誇る観覧車として、「EXPOCITY」全体のランドマークとして誕生しました。
全ゴンドラが床面シースルーで、まるで空中に浮かんでいるかのような雰囲気の中で、空からの抜群の眺望を楽しむことができ、
全ゴンドラが冷暖房を完備、衛生対策も徹底した最先端の観覧車です。
<施設概要>
名 称: OSAKA WHEEL
住 所: 大阪府吹田市千里万博公園２-１ EXPOCITY内 オオサカホイール
U R L: http://osaka-wheel.com
全 高: 123m　ゴンドラ台数: 72基(うち、「VIPゴンドラ」２基)
定員：6名（1基あたり）※「VIPゴンドラ」は定員4名　1周所要時間：約18分

▲高さ日本一の大観覧車

▲全面シースルーのゴンドラからの絶景

観覧車2.0

■『OSAKA WHEEL（オオサカホイール）』が目指す姿
現在「観覧車2.0～さあ創ろう、新しい観覧車エンターテイメント～」をテーマに、OSAKA WHEEL独自の１周18分、
空の中という"空間"を使った全く新しい体験の創造を追求しています。地獄の観覧車、カラオケ観覧車、VIPゴンドラ等、
従来の観覧車の枠に納まらない、高さ日本一、感動体験世界一の観覧車を目指してチャレンジを続けています。

感染症対策

■『OSAKA WHEEL（オオサカホイール）』における感染拡大防止策について
乗車前における、手指消毒、検温、ゴンドラ内の常時換気、ゴンドラ内ウィルス対策抗菌コートの実施など様々な対策を実施する
と共に、不特定多数での参加とならない観覧車特有の利用シーンを活用したエンターテインメントを引き続きご提供致します。

体験乗車について：2022年12月10日（土）～随時開催致します。ぜひご取材下さい！

【取材お問合せ先】　mail:info.expo@osaka-wheel.com
OSAKA WHEEL(オオサカホイール) 電話:06-6170-3246　FAX:06-6170-3247（広報・三輪）

体験乗車の日程もニュースリリースで告知しました。

ラストは再度ビジュアルで締めました。

さらに、通常ではほとんどあり得ないパターンだと思いますが、企画者である私自身が写真付きでコメントを寄せています。

意外性のあるコラボですし、こうした企画に至ったきっかけなどは体験乗車の際に必ず質問されると思ったので、先手を打ってニュースリリースの文面に載せることで取材の入り口になると考えました。

長文でダラダラ書くのではなく、箇条書きで強く簡潔に書く作戦はニュースリリースを作る際になかなか有効な手ではないかと思っています。

実際にこのニュースリリースはメディアの反応がよく、在阪広域のテレビ局など3局が取材に来てくれるなど一定の反響を得ることができました。

なぜ窓のない観覧車がヒットしたのか

すでに紹介しましたが、2020年に始まった弊社の「〜最恐観覧車シリーズ〜地獄のゾンビ観覧車」（延べ利用者3万5000名）、「地獄のゾンビ観覧車〜暗黒〜」（延べ利用者1万6000名）は大ヒット企画になりました。

ヒットの理由は、ニュースリリース配信により多くのメディアが取り上げてくれたことが大きいと思います。

なぜ、〝窓のない観覧車〟がこれほどのヒットにつながったのでしょう?

答えはシンプルで、「観覧車なのになぜ外を見せないのか?」ということが大きなメディアフックになったからです。

本来、観覧車は外の景色を楽しむためのもの。しかし、このシリーズではゴンドラの窓をふさぎ、外が一切見えないようにしました。

その「意外性」「裏切り」がウケて話題になったのです。

「どうして、そんなことを思いついたんですか?」

「なぜ、自社の商品・サービスを否定するようなことに至ったんですか?」

取材では、そういった質問を何度も受けました。

メディアの側は、「もともと持っている〝日本一高い観覧車〟という自分たちの価値、アドバンテージを自分たちで否定している」という点に面白さを感じたのではないかと思います。

また、この企画がスタートした2020年は新型コロナウイルスのパンデミックが起こり、エンタメ業界は大変な苦境に立たされていました。

そんな状況下で、あえて「少人数で楽しめるエンタメ」にチャレンジするという点も、メディアの引きが強かった理由だと思います。

もしかしたら、「この大変な時期に……」という批判的な目もあったかもしれません。しかし、世の中で賛成派と反対派がぶつかり合うような話題には耳目が集まりやすいというのも事実だと思います。

当時は、一般の人たちにとって、楽しみたくてもお出かけできる場所がありませんでした。ですから、メディア側も取材するネタが全くないという状況です。単純に需要があったのだと思います。

さらに、「～最恐観覧車シリーズ～地獄のゾンビ観覧車」のヒットには、「壊滅的なエンタメ業界を盛り上げよう！」という社会的な大義や応援も背景にあったのではないかと思っています。

これは裏話ですが、コロナ禍でエンタメビジネスは休業せざるを得ないという意見が大勢でした。しかし、弊社の事業は対象事業要件がありコロナ助成金がほぼ受けられませんでした。「遊園地」「テーマパーク」は助成金の対象事業でしたが、対象事業者と認められるにはいくつか条件があり、国からのサポートが受けられないので、自分たちで稼ぐ方法を見つけるしかなかったのです。

ニュースリリースは選定するメディアの特性に合わせてつくる

ＰＲ会社にニュースリリースを配信したのち、メディアに情報はどのように配信されるのでしょうか?

「ＰＲ ＴＩＭＥＳ」では、ニュースリリースを配信すると「ＰＲ ＴＩＭＥＳのＷｅｂサイト上で公開」「パートナーメディアに原文転載」「メディアにメールで一斉配信」という３つの経路でニュースリリースが発信されます。

このうち「メディアにメールで一斉配信」については、１万以上のデータベースのなかから、ユーザーがニュースリリースをメールで送付したいメディアを選ぶことができます。

弊社でニュースリリースを配信する際は、そのコラボイベントの内容に応じてメディアをそれぞれ選んでいます。

たとえば、イベントが春休みや夏休みなど休暇にかかる場合は、旅行メディアが取り上げてくれる傾向が強くなります。このように、まず時期によってメディアの選定を行います。

社会課題にリンクするような企画であれば、新聞や経済系の雑誌が取り上げてくれる可能性が高くなります。

「ＰＲ ＴＩＭＥＳ」では送付してほしい配信先をまとめたメディアリストを設定します。メディアリストは１つにつき最大３００媒体を選択することができます。業界別やＢ ｔｏ Ｃ、Ｂ ｔｏ Ｂなど、ニュースリリースの内容に合わせて使い分けます。なお、メディアリストは何個でも作成できます。

また、同じＢ ｔｏ Ｃでも媒体に付いている読者の年齢層や性別などのターゲットを考慮してリストを設定します。

たとえば、前述の「セルフ写真館」だと、ファッションセンスの高い若者向け雑誌で取り上げてもらわないと響きませんし、話題にはなりません。ネタによってメディアを選定することも大切になります。

なるべく多くのメディアに発信してもらうのが基本ですが、企画内容とあまりにもカテゴリーの違うメディアに拡散しても意味がないのである程度絞り込んでもいいのではないかと思います。その前提として日頃からのメディア研究も欠かせません。

「ＰＲ ＴＩＭＥＳ」のデータベースにはテレビ、新聞、雑誌、Ｗｅｂ、フリーペーパー、ラジオ、通信社、さらに専門家なども含まれます。なかでも取り上げられやすいのは、Ｗｅ bニュースなどの媒体です。逆に、テレビやラジオはなかなか動いてくれないという印象があります。

また、メディアを選ぶ場合には、ニュースリリースのつくり方も変える必要があります。

ＢｔｏＢについてたとえば『○○業界新聞』などに出すのと、一般読者に訴求するためのリリースでは内容も表現も異なってきます。

ニュースリリースの配信にあたっては、どの分野のメディアに最も情報を届けたいのかを明らかにした上で、選定するメディアの特性に合わせてニュースリリースをつくります。

そのポイントとしては、まずＢｔｏＢ向けメディアとＢｔｏＣ向けメディアで作り分けを考えましょう。

企業や経済系の新聞・雑誌などのＢｔｏＢ向けメディアは、読者が企業人です。所属する企業や組織の一員の立場として読みます。

その代表的なものは業界紙や専門誌でしょう。たとえば商業系では『日本流通産業新聞』など、広告業界であれば『宣伝会議』『販促会議』など、飲食業界では『日本外食新聞』『月刊食堂』など、アミューズメント業界では『月刊アミューズメント産業』、不動産業界では『月刊不動産流通』『月刊住宅ジャーナル』といったものです。

ちなみに現在、業界紙・専門誌はテーマ別に４００媒体ほど存在します。

ＢｔｏＣ向けメディアの読者は個人です。生活者、一般消費者としての立場で読むメディアです。

新聞であれば全国紙や地方紙、雑誌では一般週刊誌や総合月刊誌など、きわめて多くの媒体があります。エンタメ系の一例としては『日経エンタテインメント！』などがあります。

かつては総合エンタテインメント情報誌が花盛りでしたが、現在はウェブサイトでの情報発信が中心になっています。ファッション誌などでも流行の箱モノが紹介されることもあります。

【引用元】https://prtimes.jp/magazine/medialist-configuration/
https://www.chusho-1chome1banchi.com/trade-journal/

いま世の中で一番大きな波にあえて乗っかってみる

メディアが最も飛びつきやすいニュースリリースは、やはり旬のネタ、話題になっていることです。

そこで、いま世の中で一番大きな波にあえて乗っかってみてはいかがでしょうか？

いま来ている波に便乗することで、メディアに取り上げられる間口は広くなります。

前述した韓国風ワッフルやセルフ写真館など、国外のトレンドに乗っかるのもそのひとつです。

その際に必要なのが、タイミングの見きわめとスピード感です。

あまりにもメジャーになりすぎているものに飛びつくと、逆効果になる可能性もあります。

たとえば、最近もっとも強力なコラボＩＰにテレビアニメ『鬼滅の刃』があります。多くの企業などがいろいろな形で『鬼滅の刃』とコラボしてグッズの販売などを行っています。そうした人気のＩＰに飛びつくと、自社のコンテンツが埋もれてしまうリスクもあります。

たしかに、流行りの大きな波に乗ることで当たる可能性はあります。とくに、多くの宣伝広告費を投じて露出のボリュームを上げていく戦い方ができる大手企業であれば当たる確率は高まります。

しかし、私たちのような中小企業はその隙間を縫っていくような戦略が必要かもしれません。強力な打ち手は、やはり未だ世の中に存在していないコンテンツを生み出し、唯一無二感にフォーカスして発信することではないかと思います。

空気を読まず、あえて世の中に逆行するというチャレンジもひとつの方法です。

世の中に繰り返しやってくる一時的な流行とは別に、メディアが注目しやすい企画としては、いまの日本のソーシャルイシュー（社会課題）を背景としたコラボが考えられるでしょう。

たとえば、次のようなものです。

・SDGs（持続可能な開発目標）
・気候変動、異常気象
・エネルギー問題
・人口減少
・少子高齢化問題
・子育て支援
・フードロス、食品廃棄問題
・介護問題
・空き家問題
・社会インフラの老朽化
・貧困問題

・ジェンダー不平等

こうした社会課題と自社の店舗・施設とからめたコラボイベントを企画することで注目が集まり、メディアで取り上げられるチャンスが広がります。

実現はしていませんが、弊社にも「ＳＤＧｓをテーマにした企画を」などのリクエストが寄せられています。

【引用元】https://sdgs-compass.jp/column/1516

https://www.dentsuprc.co.jp/releasestopics/news_releases/20230629.html

リリースだけでは不十分？　体験という打ち手

ニュースリリースは日々量産されており、配信してもなかなか読んでもらえませんし、メディアで取り上げてもらうのはさらにハードルが高いといわざるを得ません。

そこで威力を発揮するのが、メディア向け「体験会」です。

イベント開催に先行して（多くは一般公開前日に）、メディアの記者さんやエディターさんなどを無料招待して体験してもらうことで取材獲得につながります。

「面白そうだからちょっと行ってみるか」という気軽な気持ちで来ていただき、ＰＲしたい企画を体験したあとに一対一の取材対応ということになります。

メディアと個別に対応できるため、密なコミュニケーションを図ることができますし、体験した感想をその場でヒアリングすることもできます。

体験当日はメディアから質問を受けることも多く、写真や動画など〝絵〟も撮れるので、メディアにとっては「コンテンツがつくりやすい」という利点があります。

弊社の「地獄のゾンビ観覧車」のような企画は、ニュースリリースだけでは実感が伝わりにくく、実際に体験していただくことでイベントの価値を感じてもらえます。生身の体験をしていただくことで、体験談など記事化されやすくなります。

このように、体験会は多くの露出につながる有効なＰＲ施策です。

とくに、テレビメディアやラジオメディアはニュースリリース配信だけでは動きが鈍いことが少なくありませんが、体験会を開催すると足を運んでくれますし、番組で取り上げてくれる確率が高くなります。

コンタクトが取れにくいマスメディアの方と直接会うことができるというメリットもあります。

体験会に来ていただいた結果、取り上げられないことも少なくありません。

しかし、相手と直接顔を合わせる機会になりますので、メディアとの交流を深めるきっかけになります。

chapter 6

奇跡のコラボ集客を生む「企画書」——これだけで大丈夫！

体験設計——顧客は何を楽しめるのか？　を想像する

いま消費者・生活者が商品やサービスに求めているのはモノではなくコト、つまり「体験」です。

コラボ集客の成功の鍵も、顧客に提供する体験をどう設計するかにかかっています。想定するコラボ先に対しても、そのことを企画書で明確に伝えなければなりません。

では、体験設計は具体的にどのような方法で行えばよいのでしょうか？

私がコラボを企画するときのやり方を紹介します。

企画書作成の前段階として行うのは、頭の中で漠然と考えている思考のプロセスを「マインドマップ」を作って見える化することです。そして、このマインドマップから新たな価値を創造するための体験とコラボ先を抽出していきます。

考え方の流れを図に沿って説明しましょう。

ここでは理解しやすいように弊社の例を示しますが、ぜひ読者の皆様はそれぞれの自社事業に当てはめて考えてみてください。

事業価値の棚卸し

基本価値：日本一の大観覧車からの景観を楽しめる

自社事業

日本一の大観覧車
OSAKA WHEEL

【環境】
・全面シースルーゴンドラ：解放感
・ゴンドラ内のゆとりのある空間設計
・１周18分のゆったりとした乗車体験
・空調（冷房・暖房）を完備した快適性
・時間、四季を最大限に感じられるゴンドラ設計
・最大６名乗車（様々な乗車属性に対応できる）
・72台のゴンドラ設置台数だからこそ展開できる幅広いテーマゴンドラの配置
・日本一の高さ123mの観覧車

コラボレーション企画を通じた新たな事業価値の創造

【基本価値＝非日常体験の提供】
日本一の大観覧車
からの景観を楽しめる

＋

追加要素は？
コラボ先の商品サービス

▼

コラボレーションを通じて提供したい価値は？
日本一の乗車体験をよりリッチな乗車（空間）体験へ

定義：リッチな乗車（空間）体験へ

ユーザーのマインドの変容は？
・癒される
・ほっとする
・落ち着く
・優越感
・特別感
・共感
・簡単（すごい）
・親密
・快適
・乗車される属性によって変化するマインドもあるか？

乗車体験から
得られる
マインドの
変容に
変化加える

1　事業価値の棚卸

入り口は、自社事業が提供する価値を棚卸しすることです。自社のミッションや事業特性などから基本価値を再確認してみましょう。

弊社の場合、ユーザーに提供している基本価値は「日本一の大観覧車からの景観を楽しめる」ということだと認識しています。

基本価値を明確化したら、次にその基本価値はどんな要素で構成されているかを細かく再確認していきます。

弊社のコラボ企画は基本的に、観覧車に乗車されるお客様にゴンドラ内でどのような体験をしていただくかがポイントになります。

そこで、コラボ企画を考える前提として、ゴンドラ内の「環境」に注目し、どのような特徴があるかを明らかにしていきます。

2　コラボレーション企画を通じた新たな事業価値の創造

コラボの最大の目的は、自社事業の基本価値をさらに高めて、より集客力をアップさせることです。

基本価値である日本一の大観覧車からの景観を楽しめるという〝非日常体験〟に加えて、

コラボを通じて新たに提供したい価値は何かを明らかにします。

その新たな価値を言語化したものが、「日本一の乗車体験を〝よりリッチな乗車（空間）体験へ〟」です。

では、よりリッチな乗車体験にするためには、何を追加すればよいのか？

この追加要素（x）がすなわちコラボ先の商品サービスということになります。

3　定義：リッチな乗車（空間）体験へ

次に、提供したい新たな価値「リッチな乗車体験」というのは、ユーザーのマインドにどんな変化を起こすことなのかを言葉にしていきます。

たとえば、より「癒される」「ほっとする」「落ち着く」といった気分になることがリッチな体験を構成する要素になります。

4　マインドの変容を起こす五感ごとの体験抽出

ここでマインドの変容をわかりやすく示すものとして、私がよく行うのは、「五感」に分けて体験を抽出するという作業です。ユーザーが体感するマインドの変化はすべて五感にまつわるものだからです。

マインドの変容を起こす５感毎の体験抽出

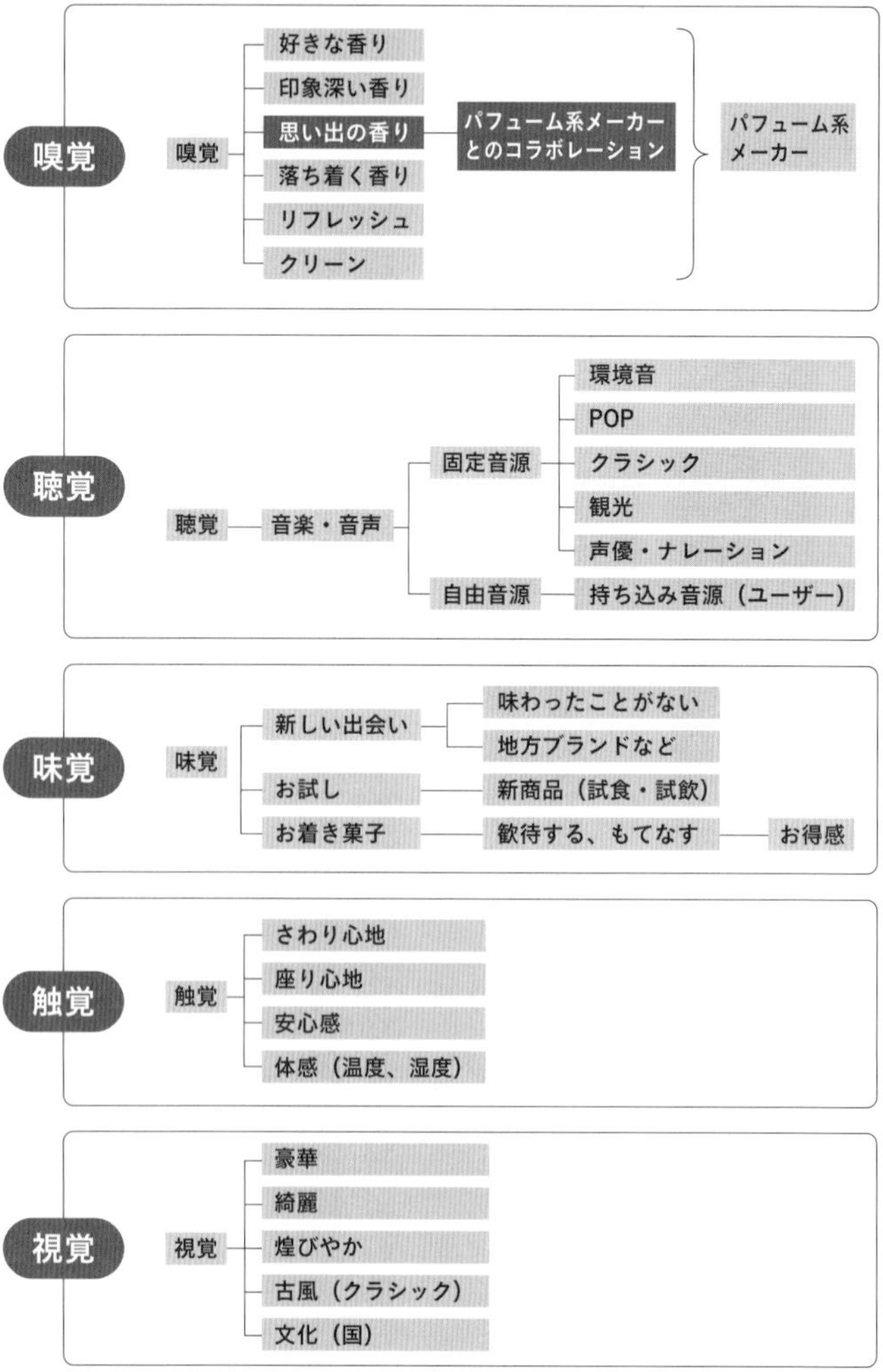
嗅覚
嗅覚
好きな香り
印象深い香り
思い出の香り
落ち着く香り
リフレッシュ
クリーン
パフューム系メーカーとのコラボレーション
パフューム系メーカー
聴覚
聴覚
音楽・音声
固定音源
環境音
POP
クラシック
観光
声優・ナレーション
自由音源
持ち込み音源（ユーザー）
味覚
味覚
新しい出会い
味わったことがない
地方ブランドなど
お試し
新商品（試食・試飲）
お着き菓子
歓待する、もてなす
お得感
触覚
触覚
さわり心地
座り心地
安心感
体感（温度、湿度）
視覚
視覚
豪華
綺麗
煌びやか
古風（クラシック）
文化（国）

顧客体験を設計する際に、五感から考えるというのはきわめて有効な方法だと思います。

自社事業がコラボによって提供できる体験価値を「嗅覚」「聴覚」「味覚」「触覚」「視覚」に分解して、五感ごとにマインドの変容を起こさせる要素にはどのようなものがあるかを洗い出していきましょう。

5　体験価値創造のためのコラボ先の抽出

明らかになった新たな体験価値を創造するには、どういった企業の、どんな商品・サービスとコラボすればよいかを考えていきます。

この例では五感のうちの「嗅覚」に着目しました。そして、どんな香りを嗅いだときに人はリッチな気分になるのかを考えて、いろいろなタイプの香りをリストアップしました。

結果的に、「思い出の香り」を提供するというところに着地しました。人は〝思い出〟に感情を強く揺り動かされますし、〝香り〟は記憶と直接結びついているからです。

こうして、パフューム系メーカーとのコラボを模索することになったのです。

お気づきかと思いますが、ここでネタばらしをすると、この例はエステー株式会社とのコラボ企画「香りの観覧車」にたどり着いたときの思考のプロセスを示したものです。

パフューム系メーカーのなかでも、香水ですでにシャネルとコラボ済みだったので、消臭・芳香剤に絞りました。いくつかの企業が候補として考えられましたが、最終的にエステー株式会社とのコラボの実現に至りました。

仮に「聴覚」にフォーカスすれば、音響機器メーカーなどとのコラボも想定されるでしょう。

6 コラボ企画の提案骨子の設計

こうして想定したコラボ先にアプローチする際に必要になるのが企画案の提示です。①企画コンセプト、②取り組み内容、③顧客体験価値、④コラボ先への提供価値といった提案の骨子を示します。

さらに、コラボの実現が見えてきた段階で、正式に企画書としてまとめプレゼンテーションに移っていくことになります。

コラボ先のベネフィット・可能性を具体化する

コラボが実現するかどうかは、コラボ先の企業のベネフィットを生み出せるかどうかにか

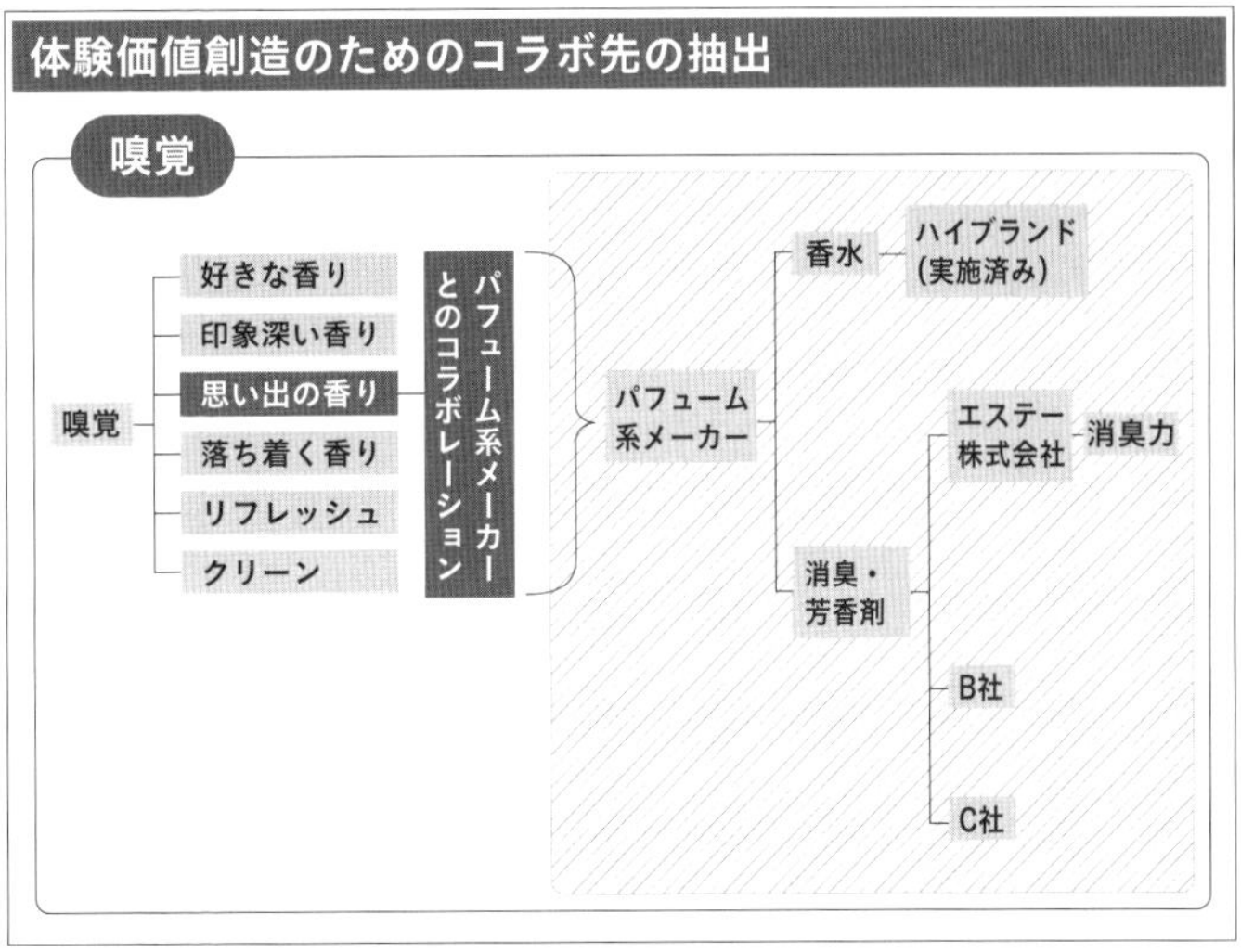
体験価値創造のためのコラボ先の抽出
嗅覚
嗅覚
好きな香り
印象深い香り
思い出の香り
落ち着く香り
リフレッシュ
クリーン
パフューム系メーカーとのコラボレーション
パフューム系メーカー
香水
ハイブランド(実施済み)
消臭・芳香剤
エステー株式会社
消臭力
B社
C社

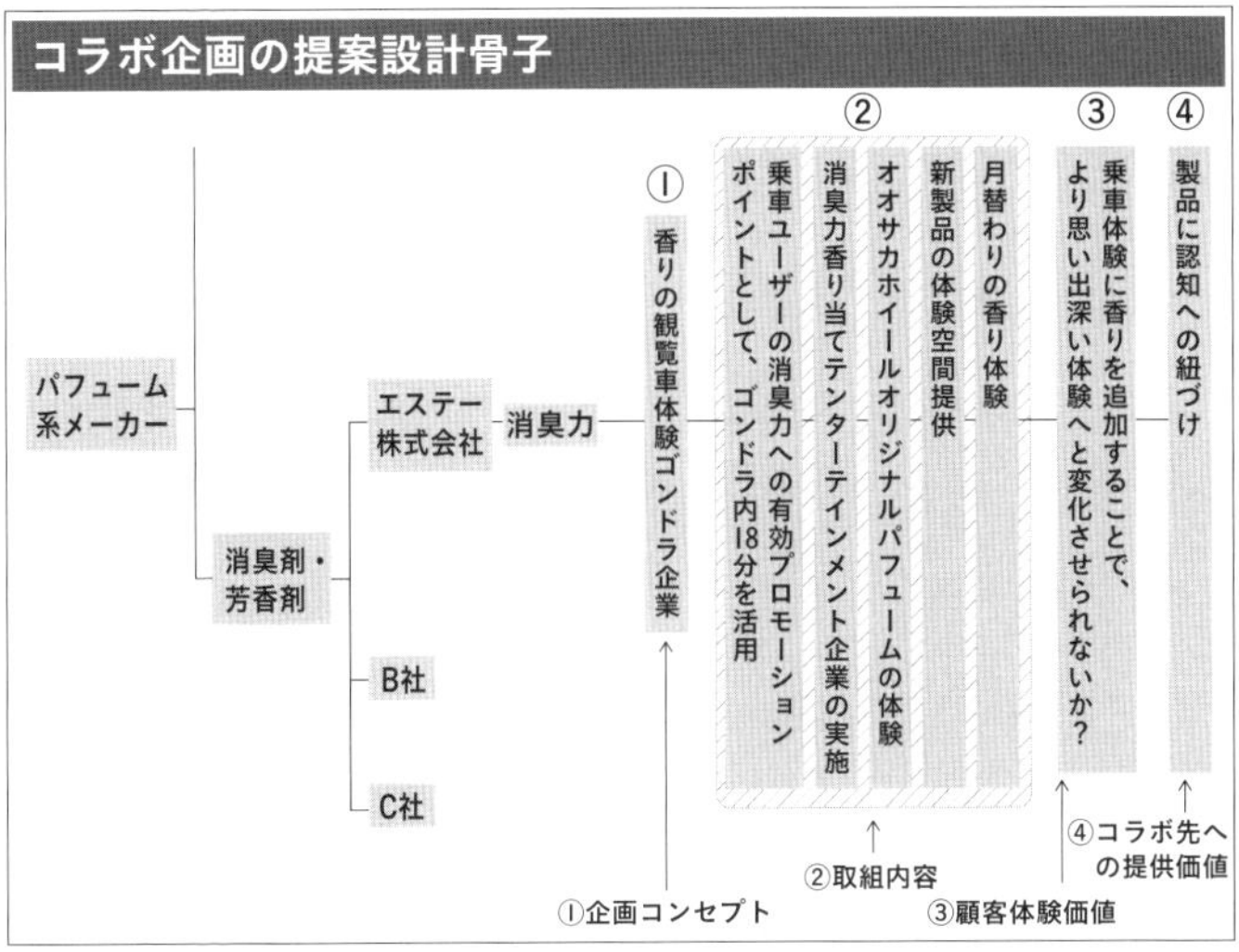
コラボ企画の提案設計骨子
パフューム系メーカー
消臭剤・芳香剤
エステー株式会社
消臭力
B社
C社
①
香りの観覧車体験ゴンドラ企業
②
月替わりの香り体験
新製品の体験空間提供
オオサカホイールオリジナルパフュームの体験
消臭力香り当てテンターテインメント企業の実施
乗車ユーザーの消臭力への有効プロモーションポイントとして、ゴンドラ内18分を活用
③
乗車体験に香りを追加することで、より思い出深い体験へと変化させられないか？
④
製品に認知への紐づけ
①企画コンセプト
②取組内容
③顧客体験価値
④コラボ先への提供価値

かっています。

コラボすることによる先方のメリットが明確であれば、企画書にも強調して示すことができますし、自信を持ってプレゼンに臨むことができるでしょう。

自社だけの利益を優先するのではなく、相手とウィンウィンの関係を取り結ぶことがコラボの基本です。

相手企業の利益にも目配りすることは、協創ビジネスを進める上での常識です。

コラボ先のベネフィットを明らかにするには、その企業のビジョンや戦略、抱えている課題などを知ることも必要です。それらを聞き出すために、積極的にコミュニケーションの機会を設けたいものです。こうした努力によって、実現可能性の高い提案ができるはずです。

コラボ先への最初のアプローチでは仮提案として、企画の全体像を伝えるにとどめます。同時に、相手のニーズを聞いた上で、一度持ち帰って課題点を解決できるようなベネフィットを加えて再提案するというのもひとつの手です。

最初から〝芯を食った提案〟をしてコラボが即決するということはまずあり得ません。初回の面談はヒアリングで相手の話を引き出すことを主目的にし、2回目で課題に合わせた提案をするようにしてはいかがでしょうか。

当たり前の話ですが、コラボは「相手があってこそ」のものです。自社単独ではなく、パートナーとの共同施策であることを忘れないでほしいと思います。

そもそも、相手のベネフィットを無視したコラボ企画が通ることはありません。

コラボ企画をヴィジュアルで表現する

企画書を作成する際のポイントについて事例を挙げて説明しましょう。

次の例は、弊社の「香りの観覧車」の企画について、コラボ先へのファーストアプローチの際に提出した企画提案書です。最初のプレゼンテーションなので、必要最低限のポイントをまとめています。

プロモーション提案を文字情報で詳細に伝えることはもちろんですが、ヴィジュアルを多用し、相手に具体的なイメージを描いてもらうことが大切です。

とくに、弊社の場合、相手企業は観覧車とコラボするというイメージが湧きにくいので、ヴィジュアルをより強調した提案書を作成するようにしています。

この企画提案書はある程度オーソドックスなセオリーに基づいて作成しているので、自社事業とコラボ先に合わせて基本フォーマットを活用していただくことができるのではないかと思います。

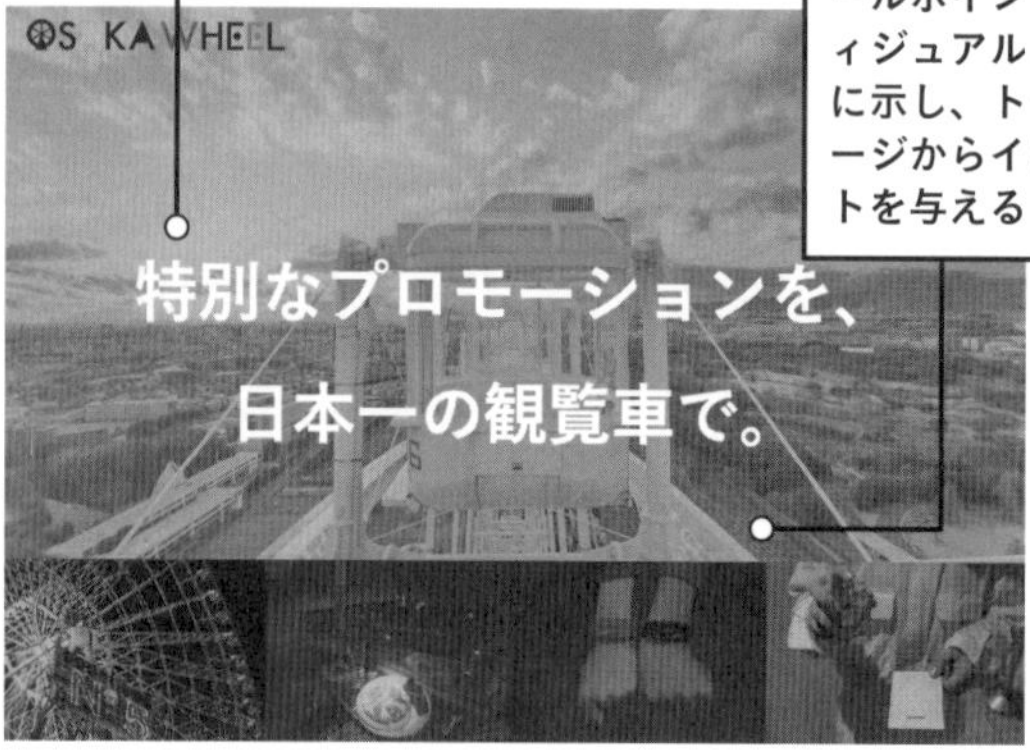

EXPO観覧車合同会社

では、内容について説明していきましょう。

1　概要【スライド1、2】

トップページでは「日本一の観覧車」という最大の売りをヴィジュアルで見せることに注力し、次のページで観覧車のスペックなどを紹介しています。

2　属性情報【スライド3】

当然ながら、相手企業にとっても集客が大きな目的です。したがって、施設の立地エリア情報や客層といった属性を示して、どれだけの集客が見込めるのかを伝えることは最優先の情報になります。

ここでは、オオサカホイールが大型商業施設「EXPOCITY」の敷地内にあること

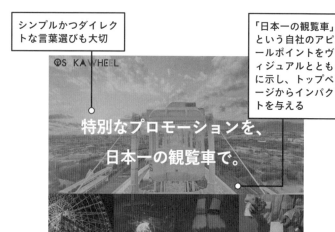

観覧車のスペックを紹介。「日本一」を具体的な数字で示す

OSAKA WHEEL 概要

名称	OSAKA WHEEL （高さ123m日本一の大観覧車）
所在地	大阪府吹田市千里万博公園２－１ EXPOCITY内
運営会社	EXPO観覧車合同会社
工事開始	2015年1月
営業開始	2016年7月
総工費	約83億円
アクセス	大阪モノレール「万博記念公園駅」徒歩2分
営業時間	10:00〜22:00
料金	・レギュラーチケット1,000円/名 ・ファストチケット1,500円/名 ・VIPチケット8,000円/ゴンドラ ・その他障がい者向け、団体向けチケットなど

ここでもヴィジュアルを多用し、視覚からも訴える

企画内容の説明に入る前に、コラボ先にとって最も気になる見込める集客や顧客属性などを具体的な数字で示す。

OSAKA WHEEL 立地エリア情報

集客

年間○○○万来訪

周囲に万博公園やスタジアムもあり”ついで寄り”も多い

客層

家族(40%)
カップル(35%)
友達同士(20%)
Source:三井不動産（ららぽーとEXPOCITY2019年）

バランス◎

ここがポイント！

- ✓ オオサカホイールで企画を行う際、ららぽーとEXPOCITY来場者がコミュニケーションターゲットとなります。
- ✓ 多様な客層のため、様々なターゲットに対してのプロモーション訴求が可能です。

集客上のメリットを強調する

を示し、その大きなボリュームの来場者がコミュニケーションターゲットになることを強調します。

さらに、「EXPOCITY」の客層が多様であり、さまざまなターゲットに対してのプロモーション訴求ができることを示します。

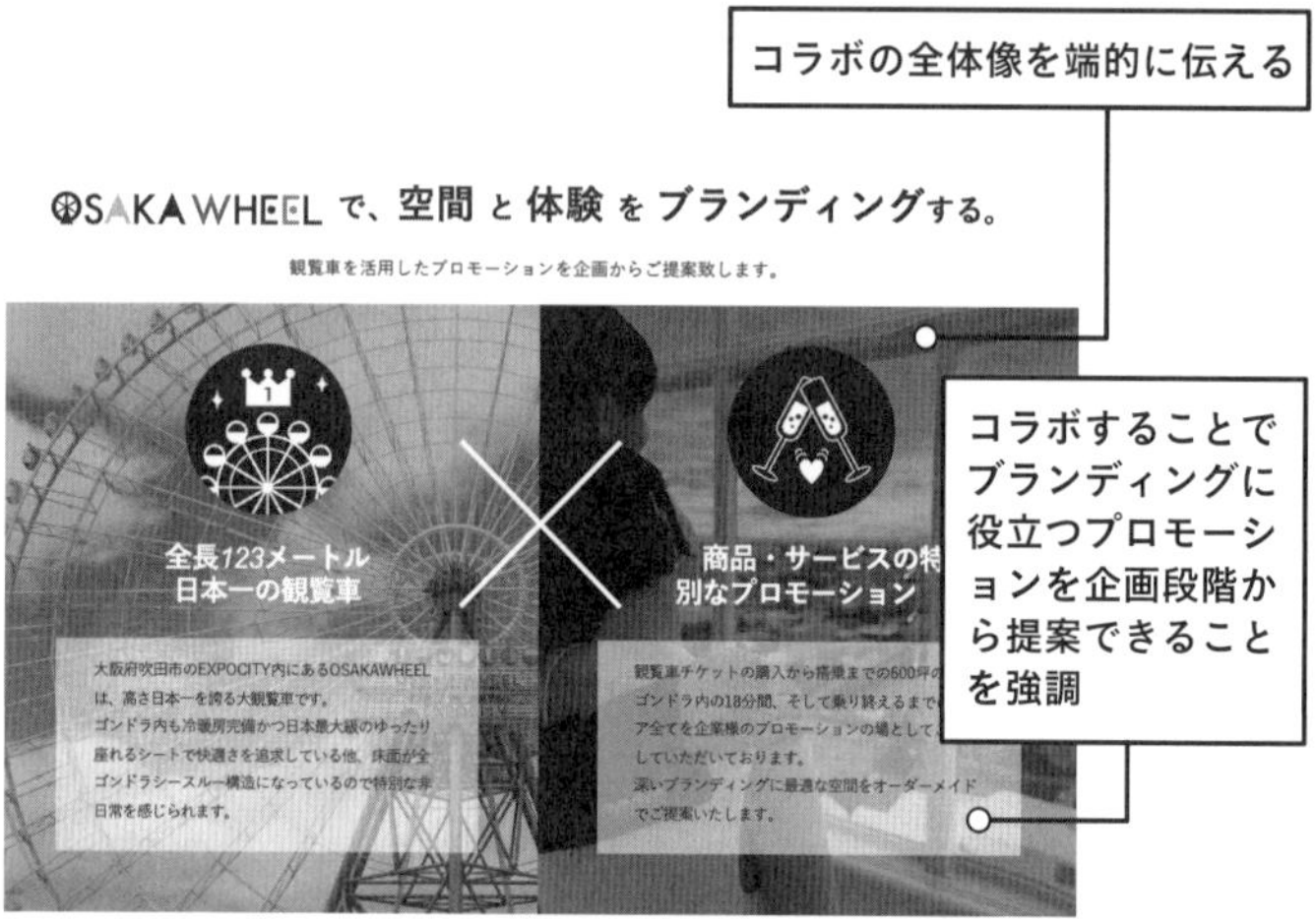

コラボの全体像を端的に伝える
OSAKA WHEEL で、空間 と 体験 をブランディングする。
観覧車を活用したプロモーションを企画からご提案致します。
全長123メートル
日本一の観覧車
商品・サービスの特
別なプロモーション
大阪府吹田市のEXPOCITY内にあるOSAKAWHEELは、高さ日本一を誇る大観覧車です。
ゴンドラ内も冷暖房完備かつ日本最大級のゆったり座れるシートで快適さを追求している他、床面が全ゴンドラシースルー構造になっているので特別な非日常を感じられます。
観覧車チケットの購入から搭乗までの600坪の
ゴンドラ内の18分間、そして乗り終えるまで
ア全てを企業様のプロモーションの場として
していただいております。
深いブランディングに最適な空間をオーダーメイドでご提案いたします。
コラボすることでブランディングに役立つプロモーションを企画段階から提案できることを強調

EXPO観覧車合同会社

3　ブランディング提案【スライド4】

コラボすることで、顧客にどのような空間と体験を提供できるのか、端的にメッセージを伝えます。「日本一の観覧車」という弊社の看板を利用していただけることや、オオサカホイールのエリアすべてをプロモーションの場として活用できることを示し、コラボ先のブランディングに役立つことを企画段階か

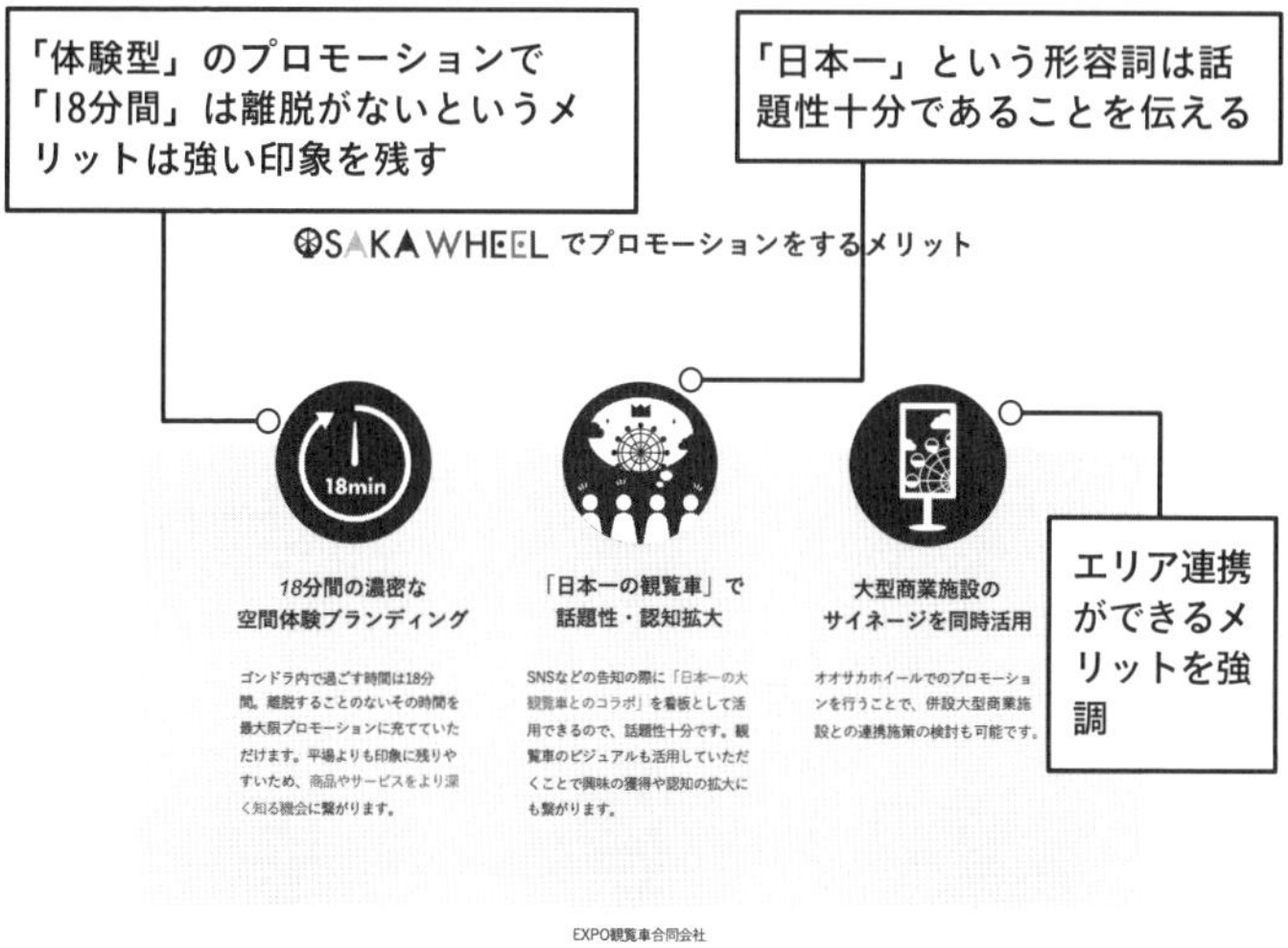
「体験型」のプロモーションで「18分間」は離脱がないというメリットは強い印象を残す
「日本一」という形容詞は話題性十分であることを伝える
OSAKA WHEEL でプロモーションをするメリット
18min
18分間の濃密な
空間体験ブランディング
ゴンドラ内で過ごす時間は18分間。離脱することのないその時間を最大限プロモーションに充てていただけます。平場よりも印象に残りやすいため、商品やサービスをより深く知る機会に繋がります。
「日本一の観覧車」で
話題性・認知拡大
SNSなどの告知の際に「日本一の大観覧車とのコラボ」を看板として活用できるので、話題性十分です。観覧車のビジュアルも活用していただくことで興味の獲得や認知の拡大にも繋がります。
大型商業施設の
サイネージを同時活用
オオサカホイールでのプロモーションを行うことで、併設大型商業施設との連携施策の検討も可能です。
エリア連携ができるメリットを強調
EXPO観覧車合同会社

らアピールします。

とくに、「体験型」の特別なプロモーションができるという差別化の要素を強調しています。

4　プロモーションをするメリット【スライド5】

相手企業にコラボするメリットを理解してもらうことが大事です。

ここでは、「ゴンドラ内で過ごす18分間」をプロモーションに充てられること、「日本一の観覧車とのコラボ」という話題性で認知拡大できることを強調しました。

さらに、併設大型商業施設との連携施策展開の可能性についても触れています。

なお、ここでは省略しましたが、類似の業種業態の企業とのコラボイベントの過去実績

【CASE】

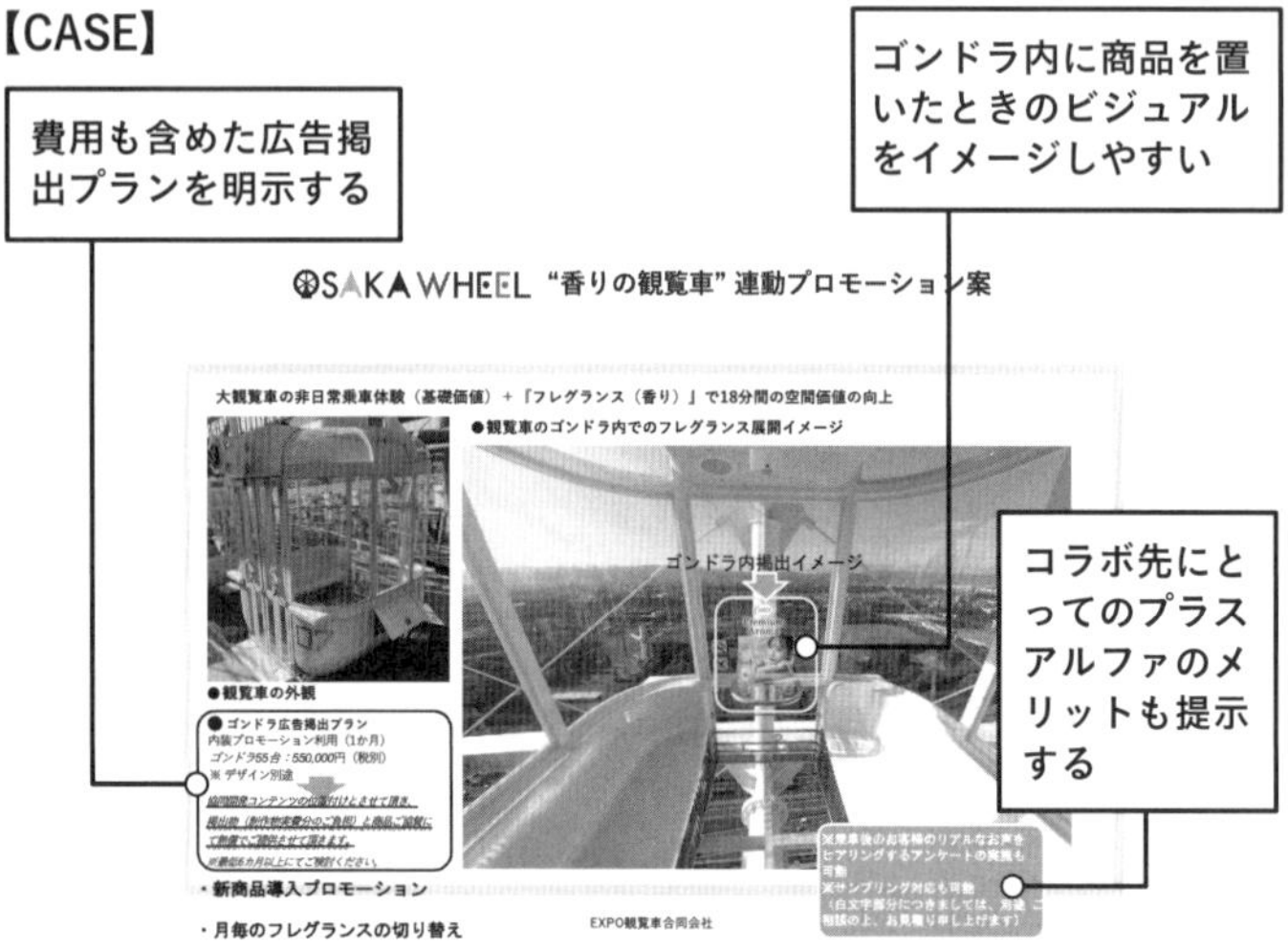
費用も含めた広告掲出プランを明示する
ゴンドラ内に商品を置いたときのビジュアルをイメージしやすい
コラボ先にとってのプラスアルファのメリットも提示する
OSAKA WHEEL “香りの観覧車” 連動プロモーション案
大観覧車の非日常乗車体験（基礎価値）＋「フレグランス（香り）」で18分間の空間価値の向上
●観覧車の外観
●観覧車のゴンドラ内でのフレグランス展開イメージ
ゴンドラ内掲出イメージ
● ゴンドラ広告掲出プラン
内装プロモーション利用（1か月）
ゴンドラ55台：550,000円（税別）
※ デザイン別途
※乗車後のお客様のリアルなお声をヒアリングするアンケートの実施も可能
※サンプリング対応も可能
（白文字部分につきましては、別途ご相談の上、お見積り申し上げます）
・新商品導入プロモーション
・月毎のフレグランスの切り替え
EXPO観覧車合同会社

を紹介する場合もあります。

5　プロモーション提案【スライド6】

ここからが具体的なプロモーションの提案です。

コラボが意外性に満ちているほど話題になりやすいのですが、意外であればあるほど相手先にとっては実際にコラボした場合の〝絵〟が見えにくいという面もあります。

そこで、観覧車のゴンドラ内のヴィジュアルを呈示し、外の景色とのバランスなども見せながら、その空間で商品・サービスのプロモーションを展開した場合のイメージを伝えます。

ここでは相手先がフレグランスの企業であることを考慮し、観覧車という非日常乗車体

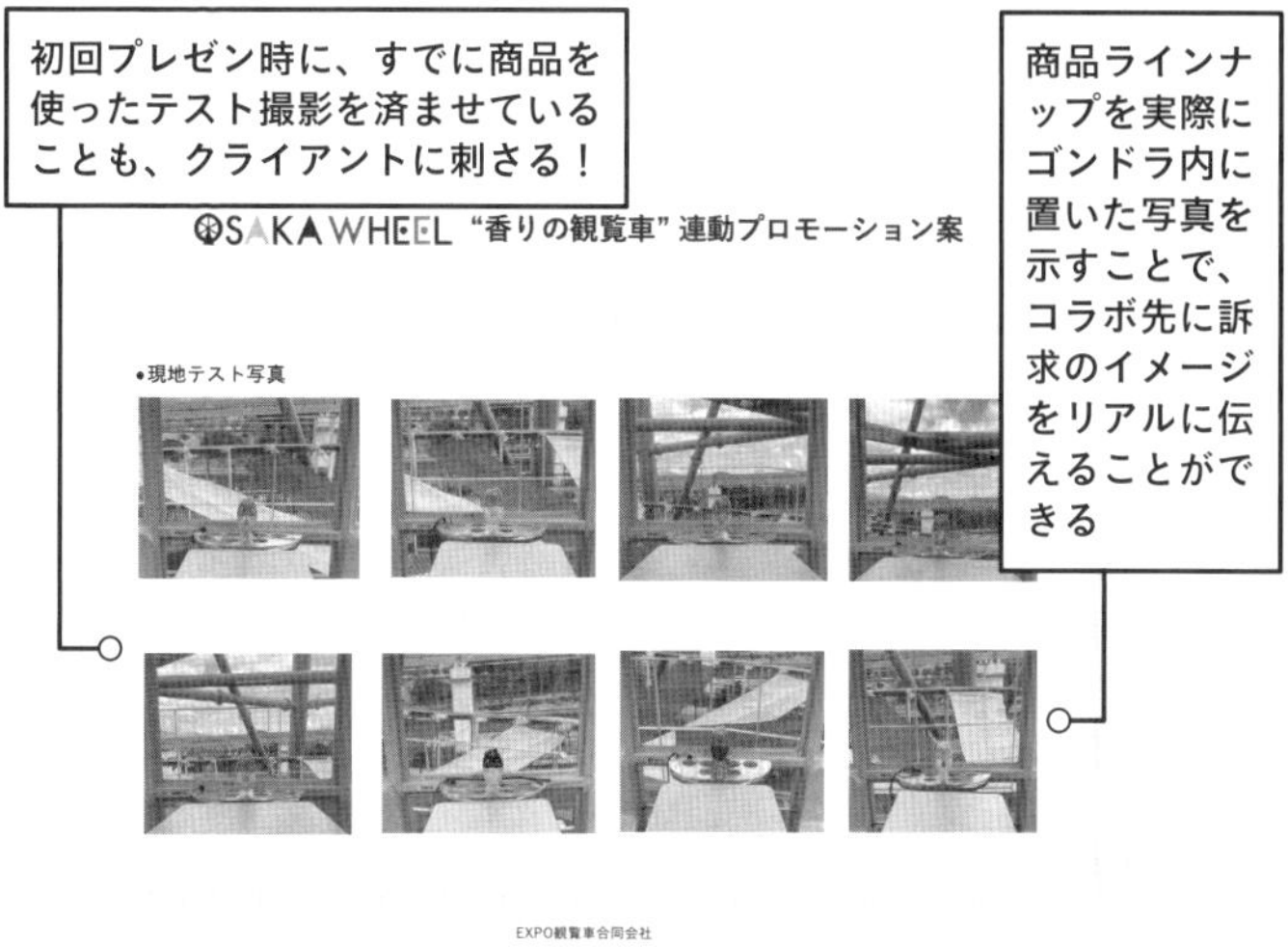
初回プレゼン時に、すでに商品を使ったテスト撮影を済ませていることも、クライアントに刺さる！
OSAKA WHEEL “香りの観覧車”連動プロモーション案
●現地テスト写真
商品ラインナップを実際にゴンドラ内に置いた写真を示すことで、コラボ先に訴求のイメージをリアルに伝えることができる
EXPO観覧車合同会社

験の中で香りを提供することでユーザーにどのような空間価値を感じてもらえるかに焦点を当てています。

さらに、乗車後にお客様からのリアルな声をヒアリングするアンケートの実施やサンプル提供も可能であり、相手企業にとって魅力的なプロモーション展開ができることを付記しています。

6　現地テスト写真【スライド7】

もう一歩踏み込んで、ゴンドラ内で相手企業の商品・サービスを展開した際に、どのようなイメージになるのかをヴィジュアルで見せます。さまざまな商品ラインナップを実際に現地に置いて撮影し、見え方を写真で伝えることで相手にリアリティを感じていただけ

メインのゴンドラ以外のスペースを活用したプロモーションプランも同時提案。エリア全体を使ったブランディングが可能だということを強調する

施設のヴィジュアルを多用し、コラボ先にプロモーションの全体像をイメージしてもらう

OSAKA WHEEL プロモーションプラン参考例
最適なプラン設計で、効果的なプロモーションをご提案致します。
1 観覧車エントランスプロモーション
2 併設商業施設流入部 ※単体利用不可
併設商業施設の来場者に向け、観覧車のエントランスを活用したプロモーションが可能です。
観覧車エントランス（1日利用）：300,000円
併設商業施設流入部（1日利用）：100,000円
3 乗車導線上プロモーションフラッグ
エリア全体のブランディングに効果的です。
4 プロモーションスペースでのリアルプロモーションの開催
乗車までにのスペースをご活用いただけます。
観覧車ライトアッププラン
単色（1日）
プログラム構成費：250,000円
ライトアップ利用料：50,000円
ゴンドラ広告掲出プラン ※デザイン別途
内装（1週間） 3,500円×7日間＝24,500円（税別）
外装（1週間） 3,000円×7日間＝21,000円（税別）
その他
音源利用プラン／サンプリングプラン（商品・サービス・チラシなど）／ゴンドラ占有利用 など

EXPO観覧車合同会社

ます。

初回プレゼン以前に、すでに商品を用いて現地テストを行っているという事実自体が熱意を伝えるアピールポイントにもなり、成約率はとても高くなります。

このときは、「エステー株式会社」の方から「「消臭力 Premium Aroma」をゴンドラに置いてどんな感じでした？」といった質問も寄せられ、プレゼンでの会話が弾みました。

7 プロモーションプラン参考例【スライド8】

メインのプロモーション空間である観覧車のゴンドラ以外にも、商品・サービスを訴求できるスペースを多数提供できるというプラスアルファのメリットも紹介し、補足的な検

問い合わせ先は目につきやすいように！
企業情報も重要。とくに取引先の情報は信頼性の指標になる。
会社名　EXPO観覧車合同会社
本社所在地　東京都千代田区六番町２番地８番町Mビル３
連絡先　本社所在地　03 - 5275 - 1060
事業所所在地　06-6170-3246
設立　2015年10月
資本金　100,000円
代表　西片 大
事業責任者　三輪 武志
取引銀行　三井住友銀行
主な取引先　三井不動産株式会社
三井不動産商業マネジメント株式会社
三井不動産ファシリティーズウエスト株式会社
サントリー株式会社 など
お電話でのお問い合わせ
06-6170-3246
平日10:00〜18:00
三輪 武志(080-7043-2851)
メールでのお問い合わせ
miwa.tak@osaka-wheel.com
会社名・氏名・メールアドレス・電話番号を
ご記入の上、お問い合わせください
EXPO観覧車合同会社

討材料のひとつとして提供します。

エリア全体を使ってのプロモーションが可能なので、コラボ先にとって効果的なブランディングになることを理解していただきます。

8　会社情報と問い合わせ先【スライド9】

最後に自社の企業概要と連絡先を明記します。

実現性のスキームを考える

コラボ企画の実現のためには、きちんと踏んでいくべきプロセスがあります。相手のあることですから、自社単独の企画以上に多くの手順が必要です。

ここでは、コラボが高確率でうまくいくスキームを考えてみましょう。【図3】

1　集客力をチェックする

大切なのが最初の段階で、自社と想定するコラボ先の集客力をチェックしておくことです。コラボの目的は集客です。基本的には集客のパワーのある企業同士で組むべきでしょう。どこまでの顧客にリーチできるかについての戦略策定が甘いと、どんなに良いコラボイベントを企画しても、所詮は絵に描いた餅になってしまいます。

集客力について相手の思い込みがないか、リアルな感覚をもっているかどうかも確認しておくポイントです。

集客力を探る方法としては、自社とコラボ先双方のホームページの稼働状況やオウンドメディアのアクセス数、ＳＮＳのフォロワー数など拡散可能性のチェック、相手が過去に単独で実施したイベントの集客状況をヒアリングすることなどがあります。

相手が小規模な店舗や個人である場合は客層や顧客の質をチェックしておくことも必要です。

コラボ企画策定とは別に、集客に特化したチームをつくることも考慮したいところです。週に1回程度の頻度で互いの集客状況を報告し合うこともオススメです。

図3【コラボ企画実現へのプロセス】

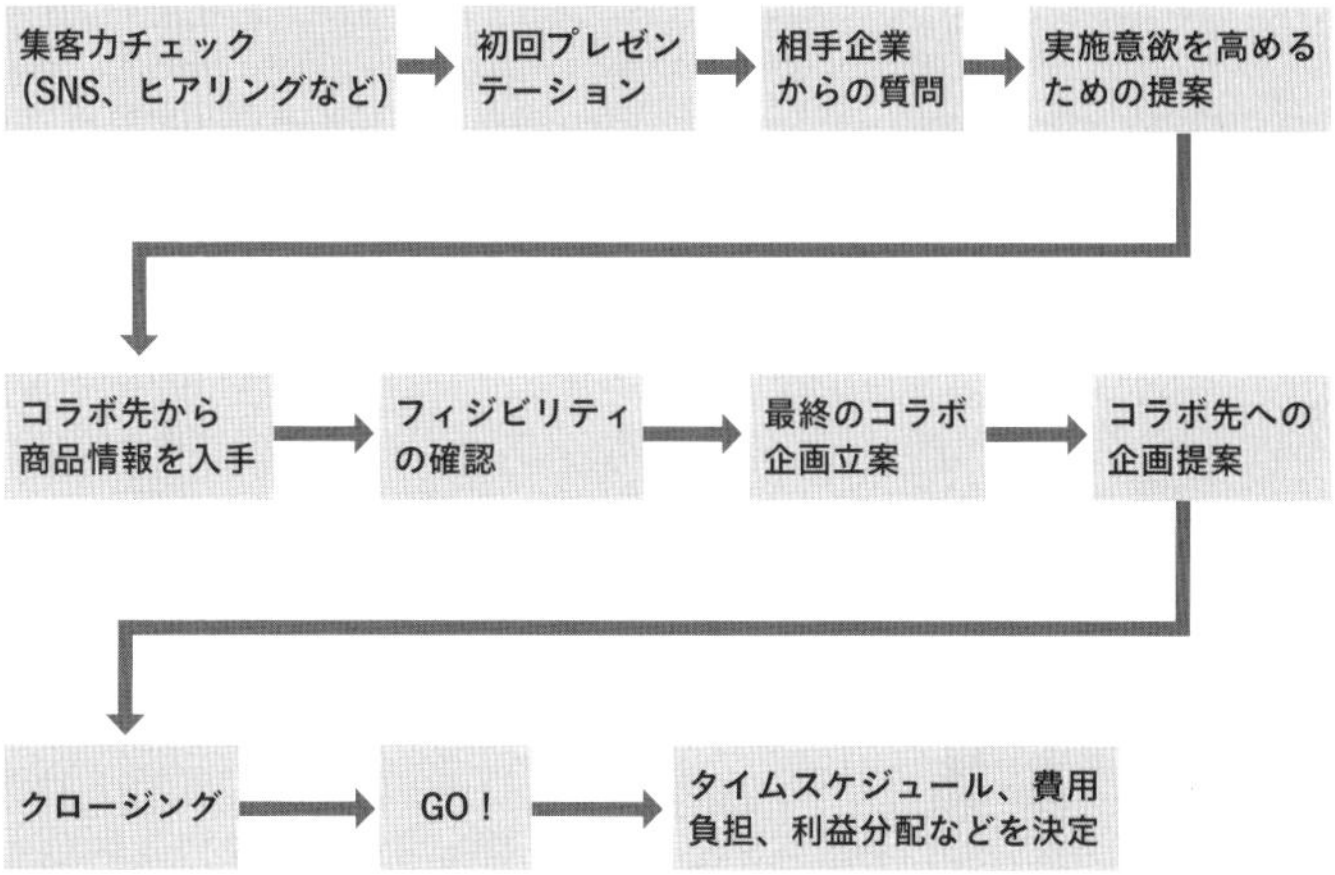

互いが集客について真剣に考え、相手企業のインサイトや客層とのマッチングなどにも気を遣うことで、コラボ実現に向けての双方の信頼性が高まります。

2　初回プレゼンテーション

初回のアプローチとはいえ、手ぶらで行っても相手にはしてもらえません。

前述したコラボ企画のポイントを簡潔に示した企画提案書を作成して、プレゼンテーションに臨む必要があります。

ここでの企画提案書の目的は内容の詳細な説明ではありません。コラボのメリットを明確に示し、ヴィジュアルを多用するなどインパクトを与え、相手企業に関心をもってもらうことを優先します。

相手先の集客力についても初回のプレゼンで確認してもいいでしょう。

3　相手企業からの質問を受ける

初回プレゼンで興味を惹くことができれば、「もう少し具体的に教えてください」という話になるでしょう。そこで、相手先から質問を受け、それに対して明確に答えるというプロセスに移ります。

4　実施意欲を高めるための提案を行う

相手からの質問に答えるとともに、実施意欲が高まるような情報の提供や提案ができれば企画はスムーズに進展していきます。

5　コラボ先から商品・サービスの情報を入手

コラボを実行するにあたって相手企業から提供してもらえる商品・サービス、商品ラインナップについてヒアリングし、情報・材料を入手します。

6　フィジビリティの確認

コラボ企画をスタートする前には必ずフィジビリティをとる必要があります。つまり、その企画の実現可能性を事前に調べておかなければなりません。

たとえば、コラボ企画にあたって一定数の商品を提供してもらう際、顧客にフックがかかるようにどのような見せ方をするか、どこに置けるかなどの実証実験を済ませておきます。

7　最終的なコラボ企画を立案する

新たに入手した情報を加えて、初回の企画提案書のアイデアをさらにふくらませたリアルな企画書を作成します。

8　相手企業への企画提案

企画書をもとに正式なプレゼンテーションを行い、相手の意見を取り入れながら、実現できるものとできないものを整理するなど企画をブラッシュアップしていきます。

9　クロージング

過去の数字をベースに、コラボ相手との集客の最低限の予測値を確認します。コラボによっ

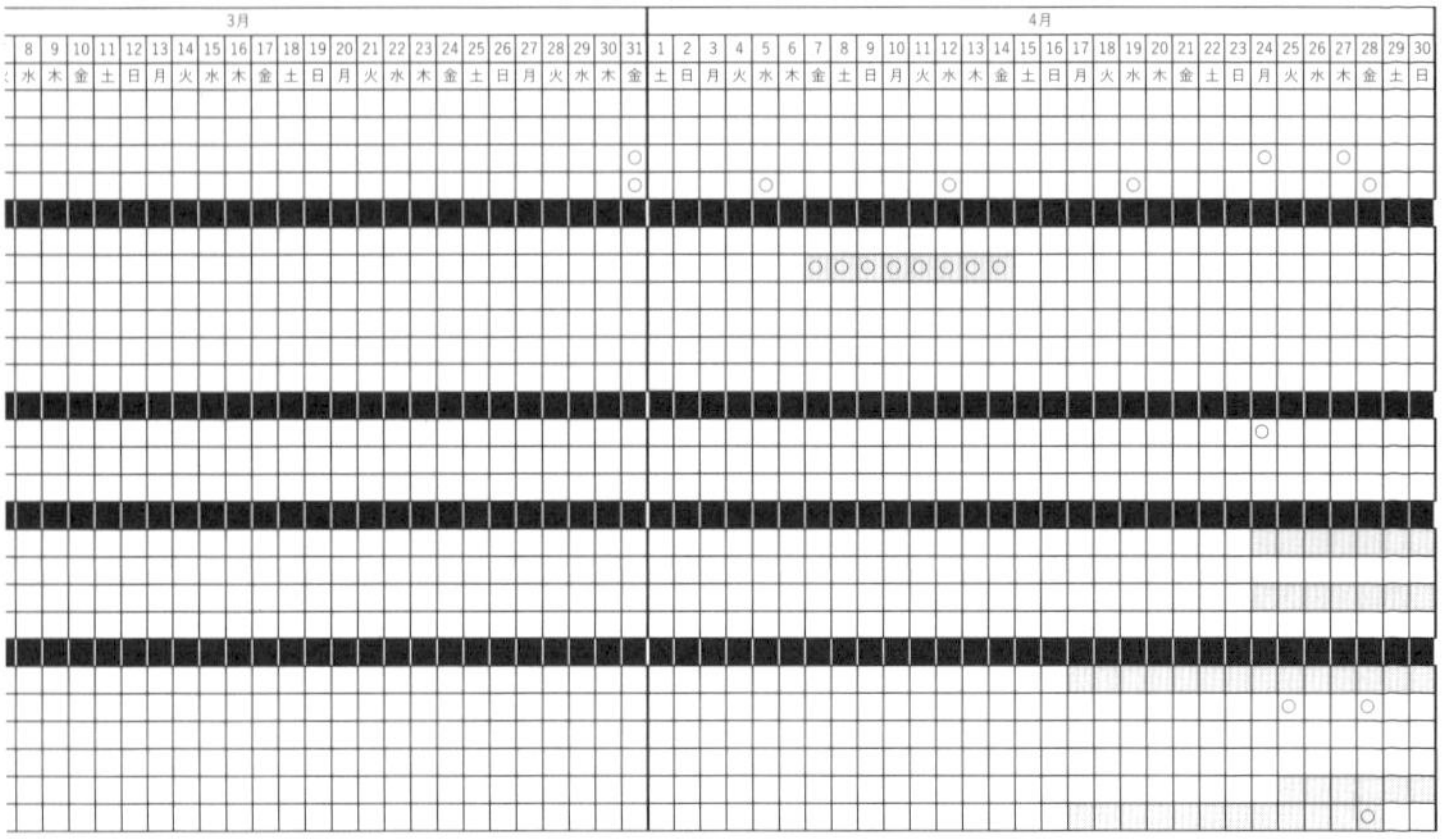

て集客がどのくらいプラスされるかは予想できませんが、少なくとも顧客の体験価値の質や量が向上することが見込まれれば実施に向けて動き出すことになります。

そして、プレゼンテーションでの合意内容に基づいて、提供してほしい商品素材などを先方に伝えるとともに、ＧＯサインが出たところで、タイムスケジュールや費用負担、利益分配など詳細を詰めていくことになります。

タイムスケジュールを明確にする

企画実現の目処が立ったら、タイムスケジュールを明確にします。

参考までに、弊社「香りの観覧車」の企画の際の進行状況を示したＷＢＳ（プロジェクト全体を

香りの観覧車　WBS

検討/内容	担当	社内担当者	2月																																			
			1	2	3	4	5	6	7	8	9	10	11	12	13	14	15	16	17	18	19	20	21	22	23	24	25	26	27	28	1	2	3	4	5	6	7	8
			水	木	金	土	日	月	火	水	木	金	土	日	月	火	水	木	金	土	日	月	火	水	木	金	土	日	月	火	水	木	金	土	日	月	火	水
提案設計	W	三輪																																				
アプローチ	W	三輪																									○		○									
MTG　エステー株式会社	E/W	三輪・木村																														○						
MTG　社内	W	三輪・木村																																				
全体																																						
提案前sampleテスト（撮影）	W	三輪																							○													
実商品sampleテスト、商品テスト	E/W	木村																																				
企画スタート	W	木村																																				
コラボキャンペーンPart 1（2 Day）	W	木村																																				
コラボキャンペーンPart 2（2 Day）	W	木村																																				
Premiam Aroma切替																																						
施工																																						
Premiam Aroma設置準備	W	木村																																				
ゴンドラ内設置、切替	W	木村																																				
運営																																						
通常運営設計	W	木村																																				
コラボキャンペーンイベント設計	W	木村																																				
例月施策運営設計	W	木村																																				
PR																																						
相互リリース配信	E/W	三輪・木村																																				
リリース内容チェック	E/W	三輪																																				
SNS配信（insutagram、X（旧Twitter）	E/W	三輪・木村																																				
HP配信設計、配信	W	三輪																																				
PRタペストリー制作	W	三輪																																				
キービジュアル制作	W	三輪																																				

細かな作業に分けた構成図）を一部紹介します**【図4】**。

企画スタートを2023年5月半ば（5月15日）と想定し、約3か月前から具体的に動き始めました。

1　2月17日：提案設計

企画のスタートは2月17日でした。10日弱で提案設計を行い、提案前サンプル撮影を終え、2月26日にコラボ先への初回アプローチを行いました。

2　3月3日：初回提案

先方とのやり取りを経て、3月3日にWeb上での商談がスタートしました。

3　4月17日：相互リリース配信のスタート

自社とクライアントによるPRのスタートが4

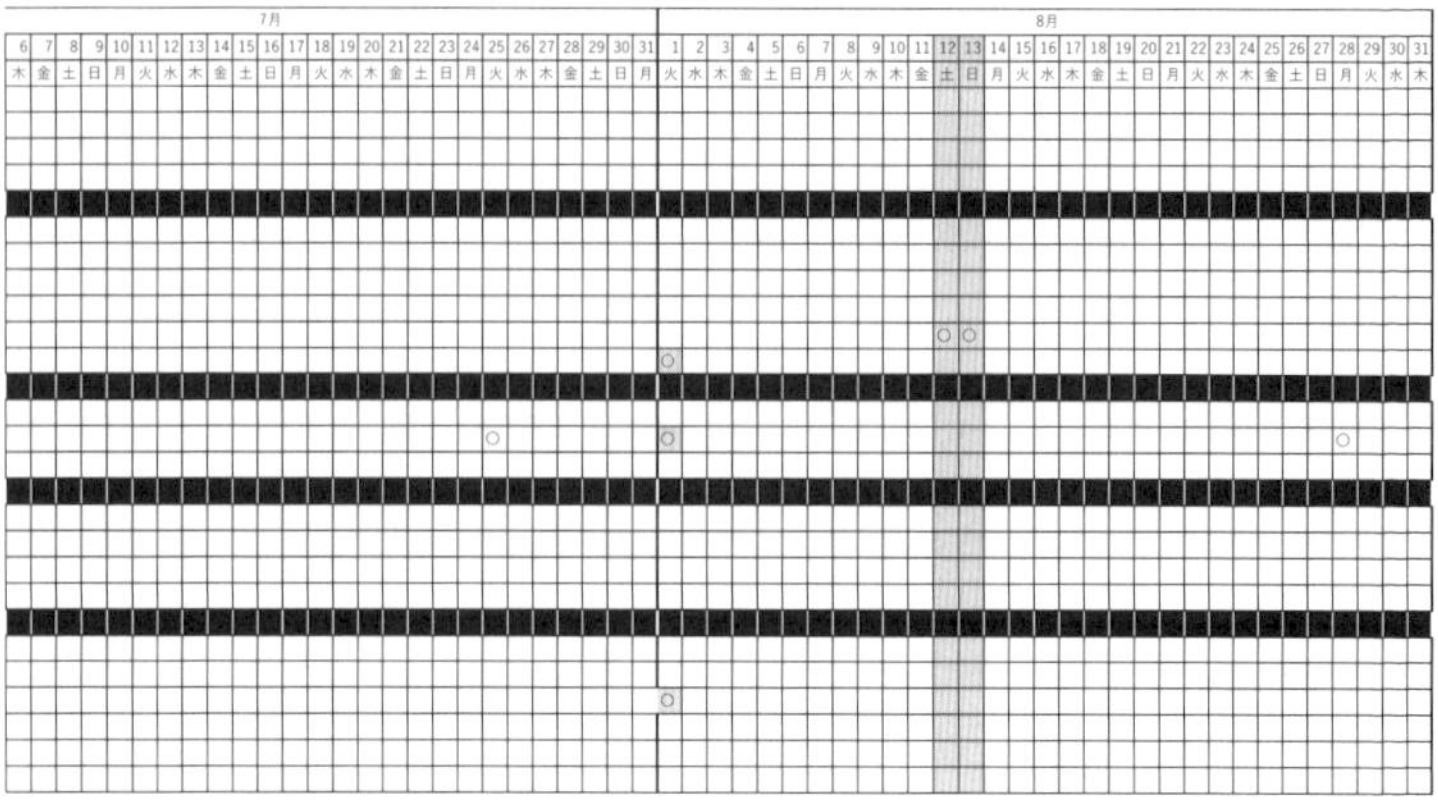

月17日でした。リリース配信は5月8日まで行いました。

4　4月24日：具体提案、試験施工

先方からの返答があったのが3月31日。そこで実質的なGOサインが出て、商品サンプルテストやアイデア出し、フィジビリティの確認等を経て、4月24日に商品をゴンドラ内に試験的に設置するとともに、具体的なプロモーション内容を提案しました。

一方、4月24日からは通常運営設計も始めています。

5　4月27日：クライアントと現地で商談

4月27日に初めてクライアントと現地商談を行いました。その際、ゴンドラに乗車いただき、どのような香りの空間になるのかをチェックしてもらいました。

6　5月1日：コラボキャンペーンイベント設計スタート

コラボキャンペーンイベントの具体設計、運営計画

検討/内容	担当	社内担当者	5月																															6月						
			1	2	3	4	5	6	7	8	9	10	11	12	13	14	15	16	17	18	19	20	21	22	23	24	25	26	27	28	29	30	31	1	2	1	2	3	4	5
			月	火	水	木	金	土	日	月	火	水	木	金	土	日	月	火	水	木	金	土	日	月	火	水	木	金	土	日	月	火	水	木	金	土	日	月	火	水
提案設計	W	三輪																																						
アプローチ	W	三輪																																						
MTG　エステー株式会社	E/W	三輪・木村																																						
MTG　社内	W	三輪・木村			○																																			
全体																																								
提案前sampleテスト（撮影）	W	三輪																																						
実商品sampleテスト、商品テスト	E/W	木村																																						
企画スタート	W	木村														○																								
コラボキャンペーンPart 1（2 Day）	W	木村																										○	○											
コラボキャンペーンPart 2（2 Day）	W	木村																																						
Premiam Aroma切替																																		○				
施工																																								
Premiam Aroma設置準備	W	木村																																						
ゴンドラ内設置、切替	W	木村													○																	○			○				
運営																																								
通常運営設計	W	木村																																						
コラボキャンペーンイベント設計	W	木村																																						
例月施策運営設計	W	木村																																						
PR																																								
相互リリース配信	E/W	三輪・木村								○																														
リリース内容チェック	E/W	三輪								○																														
SNS配信（insutagram、X（旧Twitter）	E/W	三輪・木村								○							○																		○				
HP配信設計、配信	W	三輪								○																														
PRタペストリー制作	W	三輪												○																										
キービジュアル制作	W	三輪																																						

設計をスタートしました。

7　5月8日：HP配信、SNS配信

諸事情により、SNS配信はスタートの1週間前になってしまいました。本来であれば1か月前にティザー発信で顧客を惹きつけ、2週間前に本リリースを行うのが望ましいでしょう。

8　5月15日：企画スタート、SNS配信

5月15日、本番スタート。この日にもSNS配信を行いました。

9　5月27、28日：コラボキャンペーン第1弾

「消臭力 Premium Aroma」がもらえるプレゼントキャンペーンPart1を5月27、28日に行いました（8月12、13日にPart2を実施）。

10　6月1日：ゴンドラ内の香り切替

このあとは、毎月1日にゴンドラ内の香りを変えていき、そのつどSNS配信を繰り返しました。

3月																														
1	2	3	4	5	6	7	8	9	10	11	12	13	14	15	16	17	18	19	20	21	22	23	24	25	26	27	28	29	30	31
日	月	火	水	木	金	土	日	月	火	水	木	金	土	日	月	火	水	木	金	土	日	月	火	水	木	金	土	日	月	火
○																														
○																														
○																														

2024年

検討/内容	担当	社内担当者	9月		10月		11月		12月		1月		2月		
			1	2	1	2	1	2	1	2	1	2	1	2	
			金	土	日	月	水	木	金	土	月	火	木	金	
提案設計	W	三輪													
アプローチ	W	三輪													
MTG　エステー株式会社	E/W	三輪・木村													
MTG　社内	W	三輪・木村													
全体															
提案前sampleテスト（撮影）	W	三輪													
実商品sampleテスト、商品テスト	E/W	木村													
企画スタート	W	木村													
コラボキャンペーンPart 1（2 Day）	W	木村													
コラボキャンペーンPart 2（2 Day）	W	木村													
Premiam Aroma切替			○		○		○		○		○		○		○
施工															
Premiam Aroma設置準備	W	木村													
ゴンドラ内設置、切替	W	木村	○		○		○		○		○		○		○
運営															
通常運営設計	W	木村													
コラボキャンペーンイベント設計	W	木村													
例月施策運営設計	W	木村													
PR															
相互リリース配信	E/W	三輪・木村													
リリース内容チェック	E/W	三輪													
SNS配信（insutagram、X（旧Twitter）	E/W	三輪・木村	○		○		○		○		○		○		○
HP配信設計、配信	W	三輪													
PRタペストリー制作	W	三輪													
キービジュアル制作	W	三輪													

ナノ&マイクロインフルエンサーを起用する

最近、「マイクロインフルエンサー・マーケティング」が注目されています。

マイクロインフルエンサーというのは、一般的なインフルエンサーよりも小規模なインフルエンサーのことです。

フォロワー数は1万~10万人程度で、特定の分野やコミュニティで影響力をもっている人物です。なお、さらに小規模でフォロワー数が1000~1万人のインフルエンサーは「ナノインフルエンサー」と呼ばれています。

こうしたフォロワーベースの小さなインフルエンサーがなぜ注目されているかというと、大規模なインフルエンサーよりもフォロワーとのエンゲージメントが高いケースが多く、特定のコミュニティーに深く根ざしているからです。

弊社でも通常のコラボキャンペーンでは、ナノインフルエンサーやマイクロインフルエンサーを起用しています。

初回に少なくとも50組100人ほどのインフルエンサーの方を無料招待して観覧車に乗車

いただき、ＰＲ投稿をお願いして拡散のボリュームを上げています。

メディア向けの体験会の日に、インフルエンサーをお呼びして、利用後の体験談を取材してもらうという仕掛けをすることもあります。

フォロワー数は１０００～２万人程度の方が多く、ナノインフルエンサーが中心になります。

一般に、インフルエンサーＰＲ投稿の料金は、フォロワー数に応じて費用が増えていきます。

費用は一般に「フォロワー単価×フォロワー数」です。マイクロインフルエンサーの場合、フォロワー単価は２～４円が相場です。フォロワー数が１万人であれば２～４万円ほどかかることになります。

一方、ナノインフルエンサーの１フォロワー当たりの単価は１円程度が相場で低額ですみますし、無料依頼できることもあります。

弊社では、インフルエンサーを探すためにインフルエンス・プラットフォーマーの「ｔｏｒｉ：ｄｏｒｉ ｍａｒｋｅｔｉｎｇ」を活用しています。５万５０００人以上のインフルエンサーが登録しています（２０２３年６月末時点）。

料金は月額定額制で4~5万円程度。応募してきたインフルエンサーを何人採用しても、費用はこのサブスクのプラットフォーム料金だけで済みます。ただし、インフルエンサーへのPR商品・サービスの無償提供が必要になります。

応募してきたインフルエンサーを採用するときに考慮するのは、フォロワー数以外に、SNSに投稿しているメッセージの内容や写真のテイストなどから、当該コラボキャンペーンとの親和性が高いかどうかということです。

なお、インフルエンサーを起用する際にとても大切なことがあります。それは、彼ら彼女らにリスペクトの気持ちを伝えることです。

小規模なインフルエンサーほどフォロワーとのエンゲージメントが高いので、気分よく自ら進んでPRしてくれることになれば、効果的な拡散につながります。

良好な関係性ができれば、次のコラボキャンペーンでも声をかければ来てくれる可能性が高くなりますし、インフルエンサーのコミュニティーを広げていくことはのちのち生きてきます。

【引用元】https://toridori.co.jp
https://top-marketing.toridori.me

利益分配――レベニューシェアを考察する

コラボ企画で重要なのは、自社とコラボ先で利益をどのように分配するかをあらかじめ決めておくことです。この事業収益を分配する成果報酬型の契約方法を「レベニューシェア」といいます。

いちばん単純明快なのは、集客数に応じた割合で利益をそれぞれ分配する方法です。たとえば、全体の来客数が300人で、自社の集客数が150人、コラボ先も150人だったとします。それで50万円の利益が出た場合、単純計算でそれぞれの取り分は2分の1で25万円ずつになります。

ただ、前述した「松・竹・梅」のようにコラボにはさまざまなパターンがあります。そのプランによって利益分配の考え方は異なってきます。

考えられるパターンは次の5つくらいに分けられるでしょう。

Ⅰ　自社メディアをコラボ先のプロモーションに提供する

これは松プランです。自社の集客効果よりも、コラボ先のプロモーション効果を優先する組み方です。利益分配はなしで、自社のみが広告フィーを受け取ることになります。

自社施設にメディアとしての価値がある箱モノ向きです。

2　集客数に応じた利益分配＋広告・スポンサー料

コラボ企画に広告スポンサーがつく場合のパターンです。

集客数に応じた利益分配＋アルファとして、広告収入やスポンサー料（協賛金）を一定のパーセンテージで按分する竹プランがこれに当てはまります。どちらの企業が広告を取ってきたかによっても分配率は変わるでしょう。

3　集客数に応じて利益分配

もっとも一般的なコラボ・梅プランです。自社の付加価値を高めることで集客効果を高めることを目指します。自社とコラボ先それぞれの集客数に応じて利益を半々で分配します。

4　集客ノルマを超えた分を分配

あらかじめ双方の集客数の最低ライン（集客ノルマ）を設け、そこをクリアしたら超えた分を集客数に応じて利益分配する方法です。

あるいは、ノルマを達成できなかった場合は最低のパーセンテージを設定し、ノルマクリアしたら超えた分の集客数に応じて利益分配のパーセンテージを上げるというやり方もあります。

5　かかる費用を含めて事前に分配率を決める

自社とコラボ先それぞれでかかる費用負担を差し引いて、利益をどう分配するかをあらかじめ決めておく方法です。

たとえば、自社とコラボ先の費用負担が6：4である場合、利益分配の割合も6：4になります。一定の費用負担がある場合は、リスクのとり方に応じて最初に事前分配率を決めておくと納得感は高くなります。

実際には、これらのパターンのいずれか、または組み合わせによる利益分配方法になると思います。

これ以外にも、小規模の店舗など、利益度外視でのコラボに踏みきる場合もあります。

また、自社とのコラボによるプロモーション効果のみが目的で、「タダでもいいから」とコラボ先から持ちかけられるケースもあるでしょう。

ちなみに弊社の場合、コラボ先の最大の目的は観覧車を使ったプロモーションによる認知度アップです。これが達成された時点で、クライアントにとってはお金以外の価値が生まれています。したがって、「売上に対して一定のパーセンテージでお支払いします」という契約をすることはほとんどありません。

あるいは、コラボ先の商品・サービスのプロモーション料として、観覧車乗車料金１００0円にアドオンして、たとえば５００円をいただき、集客数に応じてこのアドオン分の何割かをバックするというパターンもあります。

いずれにしても、利益分配で大切にしなければならないのは公平性です。

レベニューシェアを企画段階で明確に決めておくことは、のちのちのトラブルを避けるためにも重要です。

chapter 7

悲劇のコラボにしない 8つのポイント

ちょっと待った！ そのコラボ、自社の顧客ターゲットとズレてませんか？

ここまでお話ししてきたように、コラボは意外な組み合わせであるほどインパクトが強く、メディアにも取り上げられやすい傾向があります。

でも、突飛な組み合わせを狙うあまり、陥りやすい落とし穴があります。

とくに気をつけなければならないのは、そのコラボが自社の価値を毀損するようなものだったり、本来の顧客ターゲットとズレたりしてはいませんか？　ということです。

ここは大前提としてチェックしておかなければなりません。

自社事業の価値を貶めてしまうようなコラボ企画は絶対に避けたいところです。

逆効果どころか、もともとの顧客が離れていってしまう危険性もあります。こうなっては元も子もありません。

では、ここでいう〝自社の価値〟とは何でしょうか？

弊社であれば、「日本一高い観覧車からの景観を楽しむ」というのをひとつの基本価値としています。

ですから、コラボ先のことを考えるあまり、景色を楽しめない環境になってしまう企画や、イメージが崩れるようなイベントはＮＧと考えています。

イメージが壊れる組み合わせというのは、たとえば前述したように、カップルのマッチングをするようなアプリを提供する企業と組むことです。出会い系やマッチングアプリなどとのコラボの打診はあるのですが、そもそもカップルなどで楽しむデートスポットである観覧車でありながら、マッチングを前面に出すようなコラボをしてしまうとイメージを毀損してしまいます。

組み合わせによっては、〝悪い化学反応〟が起こってしまうコラボもあるということを知っておきましょう。

世間からの見え方や倫理観も考慮しなければなりません。自社の展開する事業が公共性の高いものであるかどうかという側面もあります。

弊社の場合、もともと想定している大切な顧客のひとつがファミリー層なので、コラボに限らず、その層に対してマイナスイメージを与えるような企画は行いません。

同じ箱モノでもそれぞれ提供するサービスは異なるので、ひと括りにはできないのですが、ギャンブルにかかわるようなコラボも注意しておきたいところです。

一般的なイメージとして敬遠されがちなものは避けておいたほうが無難でしょう。

ただ、ここは難しいのですが、見せ方次第という面もあります。

たとえば、競馬関連の事業とのコラボの場合に、世間一般に認知されている〝ウマ娘〟方面に寄せるような企画であればギャンブル性がないのでイメージの毀損にはならないかもしれません。

また最近、ボートレース福岡がZ世代の顧客を集めるために行っているキャンペーンがあります。Z世代クリエイターによる女子レーサーをキャラクター化したイラストを使ったり、〝ボート〟という言葉を一切使わずに、ボートレースのイメージを変えることを試みています。

コラボ企画には、こうした〝変化球〟もときには必要でしょう。

前述しましたが、弊社ではお正月三が日に「初笑い観覧車」を企画しました。ゴンドラのなかでお笑い芸人に新作ネタを披露してもらうというものでした。非常に好評で三が日で1万人ほどの集客がありましたが、何人かのお客様から「うるさい」というお叱りを受けました。

「観覧車は静かに乗りたい」「観覧車に乗って癒やされたい」というニーズを持っている方

に対して、われわれが余計なものを付加することでマイナスのイメージを与えてしまったわけです。

万人を満足させるコラボというのが難しいのも事実ですし、思わぬことがイメージの毀損につながるリスクのあることは覚えておいてほしいと思います。

「自社の価値を毀損しないかどうか？」というのは明確な線を引きにくい面があります。箱モノの業種業態にもよるでしょう。

要するに、「パワーコンテンツに乗っかればＯＫ」「意外性のあるコラボなら何でもアリ」「面白ければいい」という発想だけで無節操に突き進むのではなく、自社の事業価値や顧客層に対する軸をしっかりと持っておくことが大切だと思います。

「顧客体験」をはき違えたコラボは百害あって一利なし

一般に「顧客体験（カスタマーエクスペリエンス：ＣＸ）」というのは、顧客が商品・サービスやブランドを認知してから得られるすべての体験を指します。

ただし、ここでいう〝顧客体験〟は、自社事業のサービスを体験してお客様がどう感じるかということだと考えてください。

コラボ戦略の軸になるのはこの「顧客体験」を向上させることです。

しかし、ときに顧客体験をはき違えてしまうケースがあります。そうしたコラボは百害あって一利なしといえるでしょう。


弊社にはこんな例があります。すでに紹介した「声優観覧車」です。

単純にこの人気の声優とコラボすれば集客につながるだろうと考えたのですが、これが安易な発想でした。

顧客の視点が抜け落ちていたのです。

多くのお客様は観覧車の足元までは来てくれるのですが、実際にチケットを購入してゴンドラに乗車してもらうところまではなかなか至りませんでした。

理由は「恥ずかしいから」というものでした。

利用したいとは思うけれど、羞恥心のほうが上回ってしまい利用にはつながらなかったわけです。その裏には、「なぜ、もっと私たちの気持ちに寄り添うような企画にしてくれなかったのか?」という言葉が隠れていたのだと思います。

よかれと思って実施したコラボでしたが、実はお客様には望まれていなかったのです。逆に、お客様にとってのストレスを生んでしまったのではないかと反省しています。

コラボを企画する際には、「顧客視点」の体験をしっかり検証しなければならないということに改めて気づかされた事例です。

コラボＩＰの場合も、強いＩＰを持ってくれれば集客できるだろうと考えてしまいがちです。しかし、そこで立ち止まり、「これはお客様が本当に求めているコラボなのか？」ということを明確にしておく必要があります。

単にパワーのあるコンテンツと組むだけでなく、何らかのイベントと組み合わせるなど、自社でしか提供できない顧客体験を設計することが必要です。

弊社の場合、コラボを考えるときに、「なぜ観覧車なのか？」という問いから逆算し、その答えを埋めることができるかどうかが重要だと考えています。

ＩＰと組むにしても、ただ観覧車をアニメやキャラクターなどでデコレーションするだけでは、その答えを埋めることができません。何かをプラスアルファすることなどによって、「観覧車に乗車する18分間の体験をアップデートできるかどうか」が勝負になります。

その設計がなされていないと、単なるハリボテというか、借り物のコラボになってしまいます。

人気のＩＰとコラボしても、顧客は「あ、○○のキャラクターだ」とそれ自体は認識しても、それが事業のプラスを生まないということがありえます。

商品販売であればＩＰのパワーだけでグッズが売れることもあるでしょう。

しかし、箱モノでは、そこから自社サービスへの顧客導線を引けなければコラボとしては失敗ということになります。

これに対して、同じＩＰとのコラボでの成功例は「うんこドリル」です。

このコラボは、観覧車自体を「うんこドリル」のひとつの計算問題として取り上げていただき、自由研究名目でそのドリルをお子さんたちがもらいに来て問題を解くという体験設計をしていました。これが成功の要因です。

逆の視点で見ると、「18分間のゴンドラ体験」をコラボ先が生かせる仕組みになっているかどうかも成功の鍵を握っています。

「うんこドリル」のコラボ企画では〝観覧車〟という前提となる価値は崩れていませんし、その顧客体験を一段高めています。こうした点が重要なのだと思います。

コラボするのが有名なＩＰであるほど、顧客の期待値は高くなります。

したがって、中身を繊細に作り込んでクオリティの高い顧客体験を設計しておかないと、期待が裏切られたときの反動が大きく、より〝がっかり感〟が強くなってしまいます。

三方よしの仕組みがつくれていますか?（店舗施設・ユーザー・コラボ先）

いうまでもありませんが、コラボは店舗施設（自社）、ユーザー（参加者）、コラボ先（クライアント）の三方よしの仕組みが必要です。

三方よしのために大切なのは、利益以外の価値が得られるかどうかです。利益だけに固執するとコラボは成功しません。

では、コラボによって三方それぞれが得られる価値とは何でしょう?

ハコ側にとっては「集客」できるコラボ内容になっていることが最大の価値になります。

ユーザーが求めるのは「体験満足度」です。

コラボ先のニーズは「コラボによって自分たちの商品・サービスが魅力的に見えるか」「購買につながるか」ということです。

それぞれのニーズを満たせるコラボになっているかどうかを企画段階からしっかり見きわ

めましょう。

この自社、ユーザー、コラボ先という正三角形のバランスが崩れたコラボを実施してしまうと、あとに残るのはマイナスイメージだけです。

1回限りの企画ではなく長期的な継続性を考える上でも、この3要素の価値を満たすことはコラボの原理原則です。


このように、三方よしの仕組みは大事ですが、あくまでも最大の目的は「集客」です。そう考えると、プライオリティのトップは「ユーザー」ということになります。

正三角形の頂点はユーザーです。顧客起点で考えなければなりません。そして、次がコラボ先→店舗施設というのが目配りする優先順位になるでしょう。

しかし、世のコラボの多くが、店舗施設→コラボ先→ユーザーという順になっている場合が少なくありません。ベクトルが全く逆なのです。これでは集客にはつながりません。

とくに、強力なＩＰコンテンツと組む安易なコラボは、自社集客のみに視線が向いて、顧客がおざなりになって失敗に終わることも多いので要注意です。

コラボ先のファンの熱量チェックをしていますか？

コラボ集客の妙味は、コラボ先のファンを自社の集客につなげることに他なりません。成功させるためには、コラボ先のファンにどのくらいの熱量があるのかを知っておく必要があります。

「熱量の高いファン」とは、イコール「行動に移すファンかどうか？」というのが重要な要素です。

単に、「○○が好きだ」という感情だけのものではなく、「○○があるから行きたい」「○○を体験したい」という思い入れをもった熱狂的なファンのボリュームがどのくらいあるのかは、事前にぜひ調べておきましょう。

では、コラボ先のファンの動向についての情報はどのように収集すればよいのでしょうか？

まず、コラボ先の企業が過去にリアルキャンペーンを実施したことがあれば、そのときのファンの動きを調べるという手があります。イベントに何人集まったのか？　客層はどうか？　といった実績をチェックしておく必要があるでしょう。

そして、情報の宝庫はやはりＳＮＳということになります。

クライアント企業がキャンペーン情報をＳＮＳで告知した場合のファンの反応をチェックすることが大事です。

ただ、Ｘ（旧ツイッター）の場合、キャンペーンに対するリツイートの数だけを追いかけてもあまり参考にはなりません。

むしろ、コメントを拾うことをオススメします。

「絶対に行きます！」の割合が多いのか、「できたら行きたい」とか単に「応援しています」といったコメントが多いのかで、ファンの熱量の違いがなんとなくわかります。

コラボ想定先がリアルキャンペーンを実施していない場合は、扱っているのが商品であれば購買されている属性や購買数などからファンの動向を拾って、仮説を立てていくことになるでしょう。

いずれにしても、ＳＮＳに投稿されたコメントの質や内容を見ていくと、熱量や肌感が伝わってきます。

ファンのなかにもコアファンが何人かいます。そのコアファンのコメントを拾っていくと熱さがわかるでしょう。とくに、ファンのなかでも拡散力のあるリーダー的な存在のコメントには要注目です。そうしたオピニオンリーダーがインフルエンサーとなってコラボの応援団に回る可能性も大いにあります。

一方、その企業や商品・サービスに対するアンチコメントからも、ときには熱量をはかることもできます。もちろん、批判的な意見や悪意に満ちた誹謗中傷であることが多いのですが、なかにはネガティブなコメントの裏にその企業や商品・サービスに対する「期待」が隠されていることもあります。コラボによってその期待に応えることができればコラボ先に新たな価値をもたらすことができるでしょう。

組んだだけでプロモーションをしないコラボはＮＧ

コラボ集客成功のためには、コラボ先への提案企画の設計の段階で、「自社とコラボすることがどれだけ魅力的なのか」を明確に伝えられるかどうかが大切です。

単に、「ＡとＢをくっつければ何かが起こるだろう」という安易な発想ではなく、そのコラボ企画に魂を込めなければ顧客もクライアントもついてきてはくれません。

「このコラボを絶対に成功させたい！」というマインドを自分自身が感じられるかどうか。そこが大きなポイントです。

コラボ相手に依存してしまうこともNGです。

相手の人気のコンテンツに乗っかるだけで、集客もしない、協力もしない、口先だけで自らは手も足も動かさないというスタンスは顧客から見透かされます。コラボ先からは「一方的に利用された」という不信感を買うことになります。

いずれにせよ、「とりあえずこれと組めば集客できるだろう」という利己的な思惑からは良いものは生まれません。フタを開けてみたら集客につながらず、コラボの相手にとっても何のメリットもないイベントになってしまう可能性があります。

くり返しますが、コラボというのはあくまでも「協創」です。そして、何よりも「楽しいこと」「感動すること」に人は集まってくるものです。

そのコラボへの本気度が強ければ、おのずとプロモーションへの熱量も高くなります。

魂を込めた企画であれば、最初から「そのイベントをどう認知してもらうか」「どういうやり方でお客様に届けようか」といったことを真剣に考えるでしょう。

商品・サービスの形だけではなく、そのコラボの魅力をユーザーにどう伝えるかまで深く考えた企画であればあるほど良い結果につながります。

人気の相手と組めることに満足してしまい、プロモーションもしないコラボは成功とは程遠いでしょう。

プロモーションには大きく二つの要素があります。

ひとつはイベント自体の告知・拡散という意味でのプロモーションがあります。

もうひとつは顧客体験のプロモーションです。

コラボによって生まれるコンテンツの体験価値を設計し、実際に体験してもらうことでユーザーの間で何らかのアクションが連鎖的に起こるような仕掛けをすることが必要でしょう。

イベントの設計を考える際の私のキーワードは「参加型」ということです。

ユーザーが参加できるポイントをどこに作るかが大事なプロモーション要素です。

弊社の例でいうと、ＮＴＴ西日本とコラボした「キモチ＊つながるＦＡＮＴＡＳＹ」では、ゴンドラ内でカップルの相性のシンクロ率に応じて観覧車のライトアップが変化するといった体験を設計しました。

結果を振り返らないと次につながらない

手がけたコラボがすべて当たれば万々歳です。でも、そううまくはいきません。

これまで私も数多くの失敗を経験してきました。

そこで大事になるのが「リフレクション」です。

リフレクションというのは、経験を客観的に振り返るという意味です。

「失敗は早く忘れてしまいたい」

「忙しいし、とっとと次の企画を考えよう」

つい、そんな風に逃げてしまうこともあるかもしれません。

でも、それが大きな財産を失っていることにお気づきですか?

大切なのは、コラボイベントが終わった後に結果を分析することです。

その場合、失敗した点を反省するのはもちろんですが、うまくいった場合もその理由を明らかにすべきでしょう。そのプロセスを踏まないと次につながりません。

私は、未来をつくるために大事なのは振り返りだと常々思っています。

「勝ちに不思議の勝ちあり、負けに不思議の負けなし」

故・野村克也氏の名言です。※もともとは、江戸時代の大名で剣術の達人松浦静山の剣術書の一文による。

勝つときには不思議な力が働いて勝ちが舞い込むこともあるけれども、負けるときには負けるなりの理由があるという意味です。

ただ、私のなかではやや別のこだわりもあります。

たしかに、失敗するときは失敗するだけの理由があります。とくに、ビジネスではそれは明確にわかります。だから、そのことを反省するのは当たり前のことです。

むしろ問題は、うまくいったときの対応です。

成功したときに〝不思議〟で済ませてはいけないのではないかと思います。

「なんだかわからないけど、うまくいったな。めでたし、めでたし」

そこで終わってしまっては絶対に次へつながりません。

成功したときに、その要因をきちんと分析することがとても大切です。そこにこそ、新たな価値や財産が眠っている可能性があるのです。

その際に大切なのは〝思いこみ〟ではなく〝客観的に〟分析することです。

弊社と取引のあるプランナーの方からこんな話を聞いたことがあます。

クライアントに対して、

「なぜ、うちに発注されたのですか？」

と聞いて回る人ほど売上を伸ばすというのです。

その人は、自社を客観的に見ることができているからです。

経営思想家のピーター・ドラッカー博士の著書『創造する経営者』に次のようなメッセージがあります。

〈企業が売っていると考えているものを顧客が買っていることは稀である〉

普通、自社が売っていると考えているもの（価値）をお客様は買っていると思いがちです。

でも、必ずしもそうではありません。

むしろ、企業側は自分たちのセールスポイントを勘違いしていて、顧客は別のところに価値を置いている場合が多いということです。

コラボ企画も同じではないかと思います。

「なぜ成功したのか？」

そのことを客観的な視点で振り返ってみましょう。

参加者の方に「どうして、今回のイベントに来てくれたのですか？」と聞いてみるのもいいかもしれません。

そのコラボ企画の真の価値や自社の魅力が、思わぬ角度から発見できる可能性があります。

すべてをお膳立てすると実行力が育たない

コラボ企画で陥りがちなミスマッチとして、プロデュースする側の意図が運営する側に正しく伝わっていないというものがあります。

これを避けるには、企画の発想段階から、なるべく多くの仲間と一緒にアイデアをもらいながら進んでいくことが大切です。それがのちにうまく着地できるための大きな要素になります。

コラボはプロデュースする人間とクライアントとの間で企画が進むことも多く、一人で進めた方が話は早いのですが、そうすると現場の感覚とはズレていってしまいがちです。

そのため、イメージとは違う運用になってしまい、求めている成果が上がりにくいイベントになってしまうこともあります。

こうした事態に陥らないためには、スタートにあたって周囲の人に企画コンセプトの青写真を見せながら、社内に多くの共感者をつくっておくことが大事になります。そして、方向性にシンクロしてくれた人と一緒に企画を推進していきます。

企画を進める上でトップダウンはできる限り避ける必要があります。スタッフに対し、決まったことだけを指図して実行させようとするのは最悪です。

これはコラボに限りませんが、上司にありがちなパターンです。部下の能力を信じていないというか、ある程度の形をつくって「こんな感じでやっておいてね」と投げた方が失敗を避けられると思ってしまう。

しかし、これは全く逆です。すべてをお膳立てしてしまうとスタッフの実行力が育ちません。

〝やらされ感〟が強くなると、モチベーションは上がりません。

あるいは、「言われたことだけをやっていた方がプレッシャーもなくて楽」と考える人もいるでしょう。

いずれにしても、人材は育ちませんし、人によって温度差が違うと総量としてのパワーが減ってしまいます。

ゼロイチで立ち上げる新規コラボを成功させるには、その企画を〝自分ごと〟ととらえるスタッフをたくさん巻き込み、長い目での育成という視野ももちながら進んでいくことが必須です。

社外に共感者をつくることも効果的です。

やや強行策ですが、身内には大反対されているような企画でも、外部に賛同してくれる人が多ければ、その〝外圧〟は社内にも確実に伝播していきます。

chapter 8

日本中の“ハコ”が元気になれば

みんなが幸せになる

事業の可能性を信じ抜きアイデアを枯らさない

みなさんの手がけている店舗や施設には、きっと大きな宝物が埋まっています。

その宝物を発掘できるかどうか？

それはアイデア次第かもしれません。

アイデアには無限の可能性が眠っていると私は考えています。

事業にかかわる思いや人の数だけアイデアが生まれるといっても過言ではないのではないでしょうか。

はじめは、小さな種（一歩）からのスタートかもしれません。

アイデアの可能性を信じ、磨き上げることをあきらめなければ、未来にはいまより価値ある何かを世の中に届けることができるはずです。

そして、それがみなさんの事業のお客様に届き、笑顔や幸せにつなげることができれば、その先にきっと新たな価値を生む道筋が見えてきます。


どうか、アイデアを考えることをやめないでください。

誰もが日々の仕事に忙殺され、やらなければならないことが次から次へと出てきます。でも、そこで立ち止まってしまったら、新しいものは生まれません。

アイデアを出し続ければ、必ず状況が一変するようなブレイクスルーがやってきます。

たとえば、アイデアノートをつくって、思いついたことをメモしてみる。一日に5分でも10分でもいいので、思考することを自分のルーティンワークにしてみてはいかがでしょうか。

最初は質よりも数が大事です。自社の事業から逆算して、どんなコラボが考えられるかを手当たり次第に書き出してみましょう。それをまずは半年続けてください。「これだ！」という選択肢が必ず見えてくるはずです。

私の場合、思いついたことをスマホのメモ機能に書きためています。口頭で録音することもあります。電車での移動中や食事中などでも、アイデアが閃いたらすぐに記録しておくことが大切です。単語でもいいですし、最初の3文字だけでもいいと思います。

すぐに書いておかないとせっかくのアイデアも記憶の彼方に消えてしまいます。

アイデアをメモする習慣をつけてほしいと思います。

振り返りも大事です。

あとで振り返ってみると、自分がそのときどんなことを考えていたのかが客観的に見えてきます。それがコラボ企画の起点になります。

過去に書いたストックと今日思いついたことが結びつき、全く新たな発想が生まれてくることもあるでしょう。

一度は捨ててしまったアイデアでも、少し角度を変えて見ることでグッドアイデアに生まれ変わることもあります。

実行するタイミングというものもあります。着想はいいけれど、いまの流れには乗っていないなと思ったら、いったん仕舞いこむ。記録して寝かせておいて時期を待ちます。

平日に考えてメモしたことを土日の休みの日に振り返ってみるというのもオススメです。振り返ることで気づきが得られますし、自分の自信になるということもあります。その自信がアイデアを生む源泉になります。

私は毎日寝る前に「思考の棚卸し」をしています。日々思いついたことを頭のなかで箇条書きにしてみる。それが習慣化しています。

自分に合った方法で、考えを整理する時間をつくってほしいと思います。

私の経験則では、自分の記憶にも定着して、思い出すことの多いアイデアほど実現しやすいという傾向があります。

そして、できない理由を見つけるのではなく、実現できるためのロジックを考えましょう。

産みの苦しみはあるかもしれませんが、楽しいコラボ企画を考え続けてください。その先に新たな可能性を生み出す未来が待っているはずです。

お客様と一緒に「非常識な発想」を楽しもう

世間やメディアの注目を集め、お客様が押しかけるコラボは「非常識ファースト」から生まれます。

お客様の心を揺さぶることができるような、「非常識な発想」が実現した先のイメージをクリアに想像することを楽しんでください。

本書の中でも紹介しましたが、オオサカホイールでは常々「観覧車の常識を変える」をコンセプトに、いままでの固定概念を良い意味で裏切るような発想で、さまざまなコラボ企画を実現してきました。

企画設計の段階では、社内外のさまざまな人から「それはどうか……?」「そこまではちょっと……」と難色を示されることもしばしばあります。

ですが、そんな発想でも突き詰めていくと、事業のブレイクスルーともいえるような新たな価値や世界観を創造することにつながります。発想が企画設計段階でなくなることも少なくありませんが、それも必ず次に続いていきます。

周囲からの否定的な意見はむしろ実現へのエネルギーになります。それは、そのアイデアに足りないものは何かという示唆を与えてもらっているからです。

非常識なアイデアを実行するには勇気がいります。しかし、コラボは非常識なくらいでちょうどいいと思います。非常識の壁を壊せないようなコラボには意味がないといってもいいでしょう。

そして、非常識、過去に前例がないことが実現した先には、当たり前ですが〝日本初〟や〝世界初〟のコンテンツの生まれる瞬間が待っています。

その「非常識な発想」が実現したあかつきには、お客様と共に実現までの道程を思い出しながら心から楽しんでください。きっと次のチャレンジへの活力を与えてくれるものと思います。

非常識な着想をみんなで面白がる。これこそがコラボの醍醐味であると考えています。

コラボは大手企業だけの特権ではない！

コラボと聞くと、大手コンビニや大手飲食チェーンなどの有名アニメキャラクターとのI

Pコラボなどの実施例を思い描く方も多いのではないでしょうか？

そういった前例をみていると、「うちには無理なのでは？」と思ってしまうかもしれません。しかし、かけ合わせ次第では前例のないコラボを生み出すことも可能です。

弊社は、観覧車という特殊な単一事業を行う小さな会社です。そんな会社だからこそ、この場所、資産をどう活かすか、お客様の体験する1周18分をいかに価値ある体験にできるかを考え抜き、たどり着いたひとつの答えがコラボでした。

そして、その答えを実現するための道筋を考え、賛同いただけるコラボ先に出会えるまでくり返しアプローチし続けました。最初は小さなコラボからスタートし、一つひとつ実績を積み重ねることで、やがてトップブランドなどとのコラボの実現も可能になったのです。

日本全国、数十か所の〝ハコ復活請負〟をしてわかったこと

人や思いの数だけアイデアは生まれるといっても過言ではないとお話ししましたが、一方、ただ人（数）がいるだけでは、活きたアイデアは生まれてこないともいえます。

アイデアの源泉は、人×〝事業の可能性を信じ抜く〟という思いがあってこそだと考えています。

私は、いまの日本一の観覧車の事業につくまでに、さまざまな事業に携わる機会をいただいてきました。日本全国、数十か所のレジャー施設やホテル、温浴施設、スポーツ施設、遊園地などの箱モノの事業にかかわってきました。

そうした経験から感じるのは、活力のある事業、発展し続ける可能性のある事業は、そこに携わる人がその事業（ハコ）に、どれだけ強い思いをもっているかにかかっているということです。ある意味、誇りのようなものかもしれません。

施設や町興しといった事業再生に携わったときに感じたことがあります。

施設や町にかかわって来た方々との会話のなかで諦めに近い言葉が出てきたり、外から見るととても価値のあるものでも、近くにあって当たり前になりすぎて見えなくなってしまっていたりと、〝事業自体の可能性を信じ抜く〟ための思いが欠けてしまっていることがよくあります。

価値のない施設や事業はないと思っています。自らを否定しないことが大切です。

事業再生という視点からは、当然、不採算というポイントに目を向け改善策を講じることになります。しかし、それと同等かそれ以上に、過去の経験や体験から成り立ってきた既存のマインドセットをリセットすることにも目を向けなければなりません。

なぜならば、経営数値的に一時的にはよく見えても、その数字を支え維持し、発展させていくためには、そこにかかわる人こそが重要な資産であるからに他なりません。

ただ、過去の経験・体験から形づくられたマインドセットをリセットすることは容易ではありません。

外部から入って来た私に対して、敵対心を抱いたり、表面上は理解を示していても本心では受け入れていないという人もいました。それこそ、いじめともとれるような経験も数知れずというところからスタートすることもありました。

それは裏を返せば、そこに携わってこられた方々にある種の思い（プライド）があるからこその反応だと私はとらえています。

だからこそ、まずはそのプライドを受け止め、そして会話の中から再生の可能性につながるアイデアを引き出し、それを形にして小さな成功体験や変化という体験を新しく積み重ねてもらう。こちらからの指示や命令だけで経験・体験を積み重ねてもらうことだけでは、やらされ感しか残らず、結局その場を離れたあと時間の経過とともに、もともとのやり慣れた方法や取り組みに戻ってしまうものです。

そこで大切なのは、ＷＩＬＬ（やりたい）・ＣＡＮ（できる）・ＭＵＳＴ（やらなければならない）の３つの観点から、その事業に携わるＷＩＬＬ（やりたい）を大きくすること。事業にかかわる人の思いの中からプラスの変化を生み出す可能性を見出し、ＷＩＬＬの思いが形に変わる成功体験をしてもらうことで、徐々にマインドセットしていくのです。

組織のＷＩＬＬが一定の広がりを見せていくと、連鎖的にプラスのマインドが広がり始めます。私自身さまざまな人や事業とかかわり、こういったことを経験したことが、いまの発想やアイデアの源泉になっていると感じています。

コラボ実績が新たなコラボを引き寄せる

自社の価値を評価し集まっていただいているお客様に加え、コラボ先の企業の価値を掛け合わせることで、自社の顧客以外にコラボ先の既存顧客をも集客ターゲットのお客様にできるということが、コラボを実施することで得られる最大の魅力ともいえます。

地道な積み重ねの先に、有名ブランドなどとのビッグプロジェクトが実現することもあります。それによって、自社施設の価値を高めるという目標を叶えることができます。

大切なのは小さなコラボからでも継続すること。そして、「あの企業とぜひ組みたい！」と思ったらラブコールを送り続けるような地道な取り組みがいつか実を結ぶと考えています。

かつて、サントリーＢＯＳＳが世界のビッグネームであるリーバイスと組んだ際には、最初は門前払いでしたが、何年もかけてアプローチし続けた末にコラボが実現したそうです。

弊社の場合、直接的にはＮＴＴ西日本や日清フーズなどと組んだ実績が、ハイブランドとのコラボにつながりました。さらにその波及効果として、それと同等規模の企業様からのコラボの問い合わせが増えました。また、その実績を営業トークとして使えるようになったことで、コラボの成約件数の確度を上げることができています。

また、魅力的なコラボ企画が実現すれば、あなたの店や施設に大手メディアや有名タレント、インフルエンサーがやってきます。

弊社の場合、スタートはすべて営業をかけさせていただき、アイデアを形にするという取り組みからスタートしました。

そして、コラボ実績を積み重ねることで、大手広告代理店からお声がけいただいたタイミングでは、企画段階から参画させていただく関係性を築くことにつながり、結果的にコラボ先の企業にも満足いただけるような運営となったのをいまでも覚えています。

そして、現在では大手企業からのコラボのお問い合わせが、直接もしくは大手広告代理店様からの相談という形で入ってくることも増えてきました。

有名タレントなどが参加するコラボも実現し、メディアやインフルエンサー等からの注目度も上がりました。

はじめは小さな一歩からでも、その歩みを確実に積み重ねていくことで、経験という新たな価値が事業内に生まれ、かけがえのない財産をもたらしてくれるのです。

その先にお客様の笑顔、幸せがあるのか？

コラボや事業を手がけるなかで何よりも大切にすべきこと。それはさまざまな取り組みの先に、お客様の笑顔や幸せにつながる経験が生まれるかどうかです。

単にコラボを仕掛ける側の自己満足的な体験や世界を実現する目的で生まれたものは、お客様にとって新たな「トキ・イミ消費」を生み出すことにはつながりません。また、コラボを企画した側にも、賛同して加わった企業にも新たなビジネスチャンスを生み出すことはありません。

大事にしたいのはお客様への「思い」です。

お客様にとってコラボの最大の価値は「そこにしかないものが生まれる」ということです。

商品やサービス単体では、それ以上でも以下でもありません。コラボによってプラスアルファの感動体験が生まれるからこそ、そこに人が集まってくるのです。

そして、コラボは継続することに意味があります。それぞれのコラボは単発ですが、さまざまなコラボを仕掛けていくことで、「あの施設はなんかいつも面白そうなことやってるよね」という顧客のパーセプション（認識）につながります。

何がお客様にとって価値ある体験を生むのかという答えはひとつではありませんが、アイデアを磨き上げるフィルターに、その体験を通じて笑顔や幸せを生み出す可能性を加えることを忘れないでください。

それこそが、事業発展の原点でもあり、世の中に新たな価値を生み出す瞬間になるのです。

あとがき

本書を最後までお読みいただき、本当にありがとうございました。

オオサカホイールの運営に携わるようになって6年になります。

この間、さまざまな紆余曲折がありました。

最大の危機はもちろん、突然降ってわいたあのコロナ禍でした。箱モノ事業を営む多くの方々がそうであったように、客足は遠のき、弊社も最悪の事態に見舞われました。

その窮地を救ってくれたのが数々のコラボ企画であり、お客様とコラボ先の企業の方々でした。


本書で述べてきたように、ひとつの企業体や事業には限界もあります。とくに、弊社のような単一事業の場合、どれだけ頑張っても一定以上の集客は望めません。

しかし、他の方々とウィンウィンの関係を取り結んで〝協創〟することによって、1＋1が3にも10にもなる可能性があります。

最近、さまざまな業種業態でコラボが花盛りです。

それは、多くの人たちがそこに秘められた底知れないパワーに気づいているからに他なりません。

弊社はこれからも、多くの人たちがアッと驚くようなプロジェクトを世の中に発信していきたいと考えています。

企業は、一つのところにとどまっていては継続的に発展することはできません。大切なのは変化し続けることです。

コラボはその大きな推進力になります。

私はそう確信しています。

全国の箱モノ事業に携わる方々が、唯一無二のコラボを生み出し、日本中に幸せと活力が満ち溢れていくことを心から期待しています。

最後になりましたが、本書制作にあたって長期間にわたり貴重なお時間を費やし、伴走頂きました制作スタッフの皆様へ心から感謝申し上げます。

そして、すべてのコラボレーション企画実現にあたり、思いを形に変え、お客様にお届けする、現場の最前線で活躍してくれているアルバイトスタッフの皆さんと、私の傍らで時には難題ともいえる企画に際しても、私を力強く支え、実現に向け共に歩みを進めてくれている社員の皆さんに心からの感謝を送らせて頂きます。

２０２４年５月

ＥＸＰＯ観覧車合同会社ゼネラルマネージャー・三輪武志

〜読者無料特典〜

コラボに関するお問い合わせ・ご相談

https://osaka-wheel.com/consul/

MEMO

【著者】
三輪 武志（Takeshi Miwa）

1978年生まれ、愛知県名古屋市出身。レジャーサービス施設における運営のアウトソーシング事業に特化した企業への就職を機に関西へ移り住む。エンターテインメント事業の現場スタッフからオペレーション構築・人財育成・チームマネジメント・事業管理などのキャリアを積み同社内にて、人財育成に特化した部門の立ち上げを行う。その後、同社の生命線となる「採用・教育・評価」などの全社システムの構築や日本全国に散らばる温浴・宿泊・遊園地・飲食・スポーツ事業部門の事業統括を兼任。その後、同社取締役に就任するなど、現在事業に繋がる業務に従事。2017年エデュテインメント事業を展開する会社への転職を機に本件、事業部長となり、観覧車事業にコラボレーションという切り口からのアプローチを導入し、今までにない事業モデルの構築に着手。2019年9月EXPO観覧車合同会社による観覧車の直営事業化をきっかけに同社へ移籍し、ゼネラルマネージャーに就任。現在も引き続き新たな価値創造をテーマに挑戦を続けている。

すごいコラボ集客術
～常識外れの“ありえない組み合わせ”コラボ発想の定石!～

2024年5月15日　初版第1刷発行

著　者　三　輪　武　志
発行者　延　對　寺　　哲
発行所　株式会社 ビジネス教育出版社
〒102-0074　東京都千代田区九段南4－7－13
TEL 03(3221)5361(代表)／FAX 03(3222)7878
E-mail ▶ info@bks.co.jp　URL ▶ https://www.bks.co.jp

印刷・製本／ダイヤモンド・グラフィック社
ブックカバーデザイン／飯田理湖　本文デザイン・DTP／ダイヤモンド・グラフィック社
企画協力：潮凪洋介・高岡直人　編集協力：嶋 康晃
落丁・乱丁はお取替えします。

ISBN978-4-8283-1059-6